정희왕후

국립중앙도서관 출판예정도서목록(CIP)

정희왕후 / 지은이: 함영이. – 서울 : 말글빛냄, 2015
   p. ; cm

ISBN 979-11-86614-01-3 03910 : ₩12500

정희 왕후[貞熹王后]
수렴 청정[垂簾聽政]
조선 시대[朝鮮時代]

911.052-KDC6
951.902-DDC23   CIP2015019624

정희 왕후

함영이 지음

말글빛냄

일러두기

　이 책에 나오는 실록은 조선왕조실록 홈페이지 www.sillok.history.go.kr 을 참고
해 직접 인용하거나 의역하여 실었음을 밝혀 둡니다. 날짜는 음력을 기준으로 했습니
다. 한편 참고문헌은 조선왕조실록을 통해 사실관계를 확인한 후 저자의 입장에서 다
시 해석했기 때문에 직접 인용은 하지 않았습니다.

●

책을 내며

: 역사란 무엇인가?

역사는 비슷하게 반복되는데도 왜 사람들은 옛사람들의 실수를 따라 하게 되는가? 타산지석(他山之石)이라는 말은 아무리 강조해도 지나치지 않지만 오늘도 반복되는 역사 앞에서 우리는 과거의 실책을 그대로 재현하고 있는지도 모른다.

역사를 강조하는 이유도 그 반복성에 있다. 되풀이 되는 역사를 통해 우리는 오늘날 해결해야 할 문제에 대한 해법과 미래를 그릴 수 있는 실마리를 찾을 수 있다. 지나간 일에 불과할 수 있는 과거사는 그래서 반드시 짚고 넘어가야 할 과제가 된다.

21세기는 지식을 기반으로 한 산업시대다. 지식 기반사회는 수평적인 관계와 다양성이 중요시된다. 덕분에 동반자형, 서번트 형 리더십과 같은 여성적인 가치가 부상하기 시작했다. 역사 속에서 그 이름값을 발휘하지 못했던 여성인물들 또한 눈길을 끌게 됐다.

정희왕후는 조선 최초로 수렴청정(垂簾聽政)을 한 여성이다. 수렴청정이 어린 임금을 대신해 정사를 맡은 것인 만큼 적어도 수렴청정 기간 동안에는 임금을 넘어서는 최고통치자가 된다. 명실상부한 정치인이다.

조선시대 수렴청정은 사극에 단골로 등장하는 문정왕후와 정순황후를 비롯해 6명의 여성에 의해 7차례 진행됐다. 정희왕후는 그들에게 롤모델 격이다. 쿠데타로 조카를 밀어내고 왕위에 오른 남편 세조의 업보를 고스란히 물려받은 비극의 주인공이기도 했다. 정통성이 약한 정권이 늘 그러했듯 살얼음을 걸어야 했지만 나름대로의 판단과 결단력으로 위기를 피해나갔다.

아쉬움도 많다. 비대해질 대로 비대해진 공신의 권력을 제어하지 못하고 오히려 키워준 부분은 결과적으로는 조선의 레임덕을 가져왔다. 무리한 잣대로 성종의 계비 윤씨를 사사(賜死)하도록 하여 연산군이라는 폭군을 등장시키게 한 것 또한 비난받을 수 있는 대목이다. 이런 우여곡절이 있기에 정희왕후는 논쟁거리가 될 수 있는 연구 대상이다. 정희왕후에 대한 분석이 그리 많지 않은 것이 의외이다. 궁금증이 커질 수밖에 없었다.

수렴청정은 일종의 교두보 정치다. 보위를 이은 왕이 아직 어려 통치행위가 어려울 때 나타날 수 있는 혼란을 잠재우고 어린 왕을 훌륭한 지도자로 성장시켜야 하는 임무가 있다. 어린 왕이 성인이 되면 수렴청정은 거두게 된다. 덕분에 수렴청정은 물러날 시기를 가늠할 수 있다. 임기가 있는 정치행위였다.

수렴청정이 아니어도 모든 정권은 교두보이다. 권력은 누군가에 의해 끊임없이 이어지고 혼자 잡는 정권도 없다. 때문에 정희왕후의 정치를 통해 오늘날 우리가 취해야 할 덕목과 재고해야 할 대목을 되새겨보는 일은 더 나은 미래를 위해 큰 의미가 있다.

2015년은 광복 70주년. 한 세기의 역사를 장식할 준비를 해야 할 때다. 향후 30년의 발걸음에 따라 건국 100주년의 모습이 그려질 것이다. 정희왕후 역시 조선 100주년을 앞두고 권력을 행사했다. 수렴청정을 통해 성종이 조선왕조의 틀을 다질 수 있는 길을 열어줬다.

위정자들은 늘 국민의 행복을 강조한다. 권력을 쟁취하기 위해 피 튀기며 싸우는 그들이지만 그 지향점의 끝에는 언제나 백성의 안녕이 있어야 한다.

권력과 국민의 행복은 상충하는 것 같지만 일맥상통하기도 한다. 권력을 쟁취하면 달콤한 맛에 취하게 된다. 하지만 백성이 행복하지 못해 민심이 떠나면 그 달콤한 맛은 이내 상한다. 이 상충하는 대목 앞에서 정희왕후는 어떤 식의 정치를 펼쳤는지를 알아보는 것으로 책을 구성했다.

책을 쓰겠다고 결심하고 준비하면서 그 때의 역사는 더욱 흥미진진하게 다가왔다. 한편으로는 얄팍한 지식을 갖고 거창한 일에 도전했다는 불안감이 짙어지기 시작했다. 그 때마다 버거움이 찾아왔고 스스로의 작업을 허무한 삽질로 여기는 자책을 해야 했다. 책이 나온 후 잘못된 판단이나 오류로 또 얼마나 부끄러울까? 그런 두려움이 용기가 되기를 꿈꾼다면 오만일 것이다.

단지 말할 수 있다면 정희왕후 공부를 했고 그 공부가 계속 이어졌으면 하는 바람을 갖고 있다는 것뿐이다. 오랫동안 여성을 고민해왔던 사람의 시각과 해석이라고 감히 밝힌다.

●● 정희왕후의 능

정희왕후의 능이 있는 광릉은 숲이 울창했다. 광릉 인근은 천연기념물로 보호받고 있는 크낙새가 살고 있다. 크낙새는 우리나라에만 살고 있는 새이다.

사회시간에 배운 이런 상식들을 되새기며 만난 광릉 정희왕후 능은 풍수지리에 대한 지식이 없어도 명당이라는 느낌이 절로 든다.

광릉은 동원이강릉(同原異崗陵). 임금과 왕비의 능이 두 언덕에 나란히 조성된 형태다. 평소 동반자 관계를 유지했던 세조와 정희왕후의 능은 서로 다른 언덕위에 따로 만들어져있다. 왕과 왕비의 그 리움은 두 능 사이에 난 오솔길이 달래주고 있다. 그들의 대화가 그 길을 통해 오고 가는 듯하다.

능이 있는 곳까지는 양쪽으로 돌계단이 놓여 있다. 능에 올라가면 왕후와 함께 차 한 잔을 나누고 싶은 충동이 느껴진다. 힘든 여정을 어떻게 극복했는지 묻고 싶고 얼마나 고통스러웠는지 듣고 싶 다. 왕후의 여정에 비하면 아무 것도 아니지만 이따금 찾아오는 좌절을 딛고 일어날 힘은 누구에게 나 필요하다. 차 한 잔은 힐링에 대한 욕구일 것이다.

다른 능보다 검소하게 조성돼있지만 높이가 있어 앞의 산자락을 조망할 수 있다. 세파의 시름이 덜 어지는 높이이다. 정희왕후는 이곳에서 평생을 고민했던 업보의 시름을 덜었을까?

: 정희왕후는 누구인가?

정희왕후는 조선의 7번째 임금, 세조의 부인이다. 1428년 11살의 나이에 세종의 둘째 아들인 진평대군(세종이 훗날 수양대군으로 이름을 바꾼다)과 결혼해 왕가의 구성원이 된다. 정희(貞熹)는 시호이며 생전의 존호는 자성(慈聖)이었다.

본관은 파평. 현재 경기도 파주지역이다. 아버지는 세종 때 판중추원사를 지낸 윤번이며 어머니는 참찬의정부사를 지낸 이문화의 딸인 인천이씨.

자녀는 의경세자(덕종으로 추존)와 8대 임금 예종, 그리고 의숙공주로 2남 1녀를 둔 것으로 기록돼있다.

계유정난을 일으킨 세조가 왕위에 오르자 1455년 왕비로 책봉되었다. 1469년 아들 예종이 죽자 의경세자의 둘째아들인 자산군을 왕위에 앉힌 뒤 수렴청정을 한다. 여성 최초로 조선을 통치하게 된 것이다.

수렴청정은 성종 즉위년인 1469년부터 성종 7년인 1476년까지 이어졌다. 수렴을 거둔 뒤에는 정치 문제와는 거리를 두다가 성종 14년(1483) 세조와 자주 갔던 온양에서 세상을 뜬다. 능은 경기도 남양주 광릉이다.

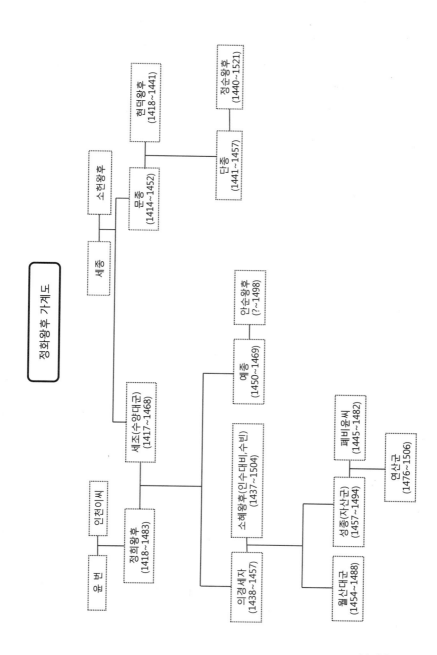

정희왕후 가계도

윤 번 ─ 인천이씨
　└ 정희왕후 (1418~1483)

세종 ─ 소헌왕후
　├ 세조(수양대군) (1417~1468)
　│　├ 의경세자 (1438~1457)
　│　│　└ 소혜왕후(인수대비,수빈) (1437~1504)
　│　│　　├ 월산대군 (1454~1488)
　│　│　　└ 성종(자산군) (1457~1494)
　│　│　　　├ 폐비윤씨 (1445~1482)
　│　│　　　└ 연산군 (1476~1506)
　│　└ 예종 (1450~1469)
　│　　└ 안순왕후 (?~1498)
　└ 문종 (1414~1452)
　　├ 현덕왕후 (1418~1441)
　　└ 단종 (1441~1457)
　　　└ 정순왕후 (1440~1521)

1부

___

권력이
손님처럼 찾아 왔다

⋮

권력은 손님이다.

잘 대접해주어 언젠가는 떠나보내야 할 대상이다.

방문한 집이 아무리 좋아도 손님이 눌러 앉는 것은 실례다.

정희왕후를 찾아온 권력도 그랬다.

1장

선택, 1469년

: 업보

　예종의 임종을 마주한 정희왕후는 몸서리쳤다. 아직 스무 살도 되지 않은 새파란 청춘의 둘째아들이 임금이 된지 16달 만에 승하했다. 12년 전 운명한 큰 아들, 의경세자에 이어 둘째 아들까지 이렇게 만 20세를 코앞에 두고 세상을 떠났다.

　조카 단종을 밀어내고 남편 세조가 임금이 되고 난 후부터 찾아온 가족들의 비극. 정희왕후는 이 견딜 수 없는 고통을 자신의 업보로 받아들였다. 신하들의 곱지 않은 시선을 느끼면서도 불교에 의지한 것은 마음을 내려놓기 위해서였다.

　두 아들 모두 손자들을 남겨 놓았다. 고통의 크기는 예종의 죽음이 더 컸다. 큰 아들은 세자였으나 둘째는 왕이었다. 큰 아들과 이별할 때는 남편 세조도 곁에 있었다. 아들의 임종과 그에 따른 모든 절차의 최고 책임자는 정희왕후 자신이었다. 1469년 11월 28일 진시(辰時), 정희왕후는 또 한 번의 긴박했던 하루를 자식의 주검 앞에서 시작해야 했다.

잠시 후면 신하들이 물어올 것이다. 상주(喪主)는 누구로 할 것이냐고.

상주는 곧 다음 왕위를 이을 후계자다. 이미 밑그림은 그려놨지만 두려움은 쉽게 가시지 않았다. 태조 때부터 피를 몰고 온 조선의 왕위계승 문제. 장고(長考)에 장고를 거듭했지만 두려움은 쉬 가시지 않았다. 정희왕후는 다시 마음을 잡고 정리에 들어갔다. 아들을 잃고 절규하는 모정(母情)은 이 중차대한 일 앞에서는 사치였다.

상주, 즉 왕위를 계승할 수 있는 세조의 직계후손은 세 사람이다. 그중 제1순위는 예종의 적자인 원자, 제안군. 하지만 이제 고작 4살(1466년생)로 그야말로 강보에 싸여 있다.

제2순위는 왕위에 올라 보지도 못하고 세상을 뜬 의경세자의 큰 아들인 16살(1454년생)의 월산군이다. 왕위를 계승하기에 그리 부족하지 않은 나이다. 제3순위는 월산군의 동생, 자산군. 이제 13살(1457년생)이다.

3명의 손자들을 하나씩 떠올린 정희왕후는 멈칫했다. 지금 이 풍경은 12년 전 큰 아들, 의경세자가 죽었을 때와 너무나도 흡사했다.

둘째 아들인 예종이 세자가 되어 왕위에 오를 수 있었던 것은 형, 의경세자가 일찍 죽었기 때문이다. 의경세자가 세상을 뜬 것은 세조 3년(1457)이다. 그 때 의경세자의 맏아들 월산군은 1454년생으로 고작 4살이었다. 자산군은 태어난 지 100일도 되지 않은, 문자 그대로 갓난아기

의경세자 사후 후계 서열

제 1순위 – 월산군 (의경세자 맏아들)	4살(한국나이)
제 2순위 – 자산군 (의경세자 둘째 아들)	갓난아기 (훗날 성종)
제 3순위 – 예종 (세조의 둘째 아들)	8살

예종 사후 후계 서열

제 1순위 – 제안군 (예종의 아들)	4살
제 2순위 – 월산군 (의경세자 맏아들)	16살
제 3순위 – 자산군 (의경세자 둘째 아들)	13살

였다.

1450년생인 예종은 월산군보다 고작 4살 위였다. 4년 먼저 태어났을 뿐이었으나 8살이었다. 의사표시를 할 수 있고 됨됨이도 어느 정도 파악할 수 있는 나이였다. 한창 재롱을 피울 나이인 4살과 왕실 온도에서는 엄청난 차이가 있었다. 예종은 그런 온도차이로 세자가 됐다.

1469년. 숨진 예종의 아들 제안군도 고작 4살. 의경세가가 죽었을 때 월산군의 나이와 똑같았다. 만 스무 살을 앞두고 세상을 하직한 것도 두 형제가 같았으니 세조의 두 아들은 숙명처럼 슬픈 운명을 나누어야 했다.

예종은 8살의 나이로 생각지도 않던 세자가 되어 왕위 수업을 받았다. 정희왕후는 남편 세조와 함께 한명회의 딸로 세자빈을 삼았다. 권력의 안정을 위해 그보다 나은 구도는 없어 보였다. 시름시름 앓기 시작한 세조 옆에서 예종은 잘 자라주었다. 세조의 고민이 어디에 있는지도 잘 파악했다.

세조가 죽고 예종이 즉위한 뒤 왕권 강화에 나선 예종과 신하들은 마찰을 일으켰다. 정희왕후는 내심 불안했지만 이렇게 빨리, 아니 이렇게 정확하게 같은 비극을 반복하리라고는 상상하지 못했다.

성년을 코앞에 두고 세상을 뜬 두 아들 생각에 눈물을 삼켜야 했던 정희왕후는 노산군, 단종을 떠올리며 나약한 마음을 다잡았다. 상왕이었던 단종은 아들 의경세자가 죽고 난 뒤 얼마 되지 않아 사사됐다.

12살 어린 나이에 임금의 자리에 앉아야 했던 조카는 남편의 야심을 자극했다. 남편 세조는 김종서와 황보인 등 아버지 세종의 유훈을 받은 신하들이 임금을 보좌하는 그 자체가 왕권을 농락한다고 보았다.

김종서 제거를 신호탄으로 수양대군이 왕위에 오르는 길을 만들어낸 계유정난(癸酉靖難). 위태로운 난을 수습했다고 정난(靖難)으로 이름 지었지만 민심은 그렇게 받아들이지 않았다.

성삼문을 비롯한 사육신과 금성대군 등 연이은 '단종 복위운동'이 계속됐다. 상왕(上王)에 대한 충성을 접지 않은 세력들의 저항에 민심은 자연히 동요됐다. 그런 가운데 의경세자는 죽고 그 해 단종의 나이는 17살을 넘어섰다. 성년이 가까워지고 있었다. 아들은 죽고 상왕 단종은 성장하고 있었다. 두려움이 몰려왔다.

상왕 복위운동은 쉽게 사그라지지 않을 것이라는 판단을 세조와 계유정난의 공신들은 공감하고 있었다. 비정상적인 방법으로 권력을 잡은 사람들이 갖는 한계는 이런 것이다. 끊임없이 위협에 시달려야 했고 그때마다 잔혹한 살육전쟁을 해야 했다.

민심은 더 무서웠다. 상왕 단종은 아들 의경세자가 죽고 난 뒤 한 달하고도 보름이 더 지난 후에 사사되었지만 사람들은 단종의 모후인 현덕왕후가 자신의 아들을 죽인 앙갚음으로 저주해 죽었다고 했다. 세조의 그 끔찍했던 피부병의 원인도 꿈속에 나타난 현덕왕후가 침을 뱉은 후 생긴 것이라고 수군댔다.

어린 임금 단종, 노산군을 떠올리자 아직 어리기만 한 손자들이 자연스럽게 그려졌다. 왕실은 어린 세자 단종을 남기고 문종이 운명한 그날과 너무도 흡사했다.

다른 점, 그 때의 상황과 대비되는 결정적인 차이는 단종 때는 단 한 명도 없던 대비가 무려 3명이나 된다는 점이다. 정희왕후를 포함해 인수대비로 알려진 수빈 한씨와 예종의 계비인 안순왕후 한씨까지 세 대비는 왕실의 입장에서 보면 든든한 울타리였다. 맏며느리 수빈은 세자빈에서 끝났지만 만약 두 아들 중에서 하나가 왕위를 이어받는다면 대비가 되는 것은 시간문제였다.

: 자산군을 선택하다

정희왕후는 상왕의 성장을 두려워했던 때를 되새기며 대비가 셋이나 된다는 현실을 직시했다. 설사 자신이 죽는다 해도 두 며느리가 살아있는 한 권력의 공백은 막을 수 있다는 자신감이 생겼다. 그렇다면 누구에게 왕위를 물려줄 것인가?

강보에 싸인 예종의 아들, 제안군이 제1순위였지만 일찌감치 제외됐다. 예종이 세자가 될 때의 월산군처럼. 문제는 의경세자의 두 아들 월산군과 자산군 중에서 누구를 택하는 가였다.

남편 세조는 큰 호랑이로 불렸던 김종서와 황보인 등 당대의 실세들이 겹겹이 보호하고 있는 단종을 밀어내고 용상을 차지했다. 대비가 3명이라고는 해도 민심이 흘러가는 방향에 따라 언제 어떻게 위기를 맞을지 모를 일이다. 왕위를 가장 잘 지켜줄 보호막이 필요했다.

그 보호막으로는 남편과 목숨을 같이 걸었을 뿐 아니라 타고난 감각으로 위기 때마다 힘을 발휘했던 한명회 이상 가는 인물이 없었다. 일찍이 며느리 수빈(인수대비)은 아들 둘 중 하나는 실세 한명회와 사돈을 맺고 싶어 했다. 오늘의 일을 예상이나 한 것처럼 ….

정희왕후도 한명회와 사돈을 맺은 것에 안도했다. 이시애가 난을 일으키면서 '한명회와 신숙주가 함께 모의했다'는 위계(僞計)를 썼을 때 세조는 두 사람을 제거하려는 속내를 내비쳤다. 그들이 혐의가 없을 것이라고 믿으면서도 신숙주는 하옥시켰고 한명회는 가택연금 시켰다.

그뿐 아니었다. "신숙주의 형구가 허술한데도 아무런 이의를 제기하지 않고 한명회를 가택연금에 그치게 했는데도 문제가 있다고 지적하는 신하가 없다"고 관련된 신하들을 치죄하기까지 했다. 세조가 조금만 더 건강했다면 그 때 신숙주와 한명회는 내쳐졌을 것이리라.

정희왕후는 생각을 가다듬었다. 다시 한 번 한명회의 힘을 빌려야한다. 수렴청정을 한다 해도 냉혹한 권력의 세계에서는 빈틈이 생길 수 있는 법이다. 이 틈을 가장 완벽하게 막아줄 사람은 역시 한명회 뿐이었다. 마침 한명회는 자산군의 장인이다. 자연스레 맏손자인 16살의 월산군을 대신하여 한명회를 장인으로 두고 있는 13살 자산군에게 무게가 실렸다.

내관 안중경을 통해 정희왕후의 명을 받은 신숙주는 즉각 궁궐로 달려왔다. 원상들과 함께 머리를 맞댄 신숙주는 일단 대궐 안팎의 경비부터 서둘렀다. 정희왕후와 원상들은 이런 일을 예상하고 어느 정도 그림을 그려놓았다. 그러나 막상 큰 일이 터지자 조심스러웠다.

신숙주는 정현조로 하여금 정희왕후에게 상주(喪主)를 지목해달라고 요청했다. 정현조는 정인지의 아들로 정희왕후의 사위였다. 정현조를 통해 정희왕후와 신숙주 사이에 오고간 교지가 너더댓 번 되었다고 실록은 기록하고 있다. 예종의 죽음 이후에 대한 완벽한 설계는 되어있지 않고 암묵적인 합의만 있는 정도였던 셈이다.

신숙주는 비정상적으로 보일 수 있는 왕위 계승을 그럴듯하게 포장해야 한다고 생각했다. 그 포장을 할 수 있는 사람은 정희왕후밖에 없었다. 정희왕후는 다음과 같이 보위를 이을 인물을 선택한다. 성종이 즉위한 1469년 11월 28일 실록의 기록이다.

"원자(元子)는 바야흐로 포대기 속에 있고, 월산군(月山君)은 본디부터 질병이 있다. 자산군(者山君)은 비록 나이는 어리지마는 세조(世祖)께서 매양 그의 기상과 도량을 일컬으면서 태조(太

祖)에게 견주기까지 하였으니, 그로 하여금 주상(主喪)하게 하는
것이 어떻겠는가?"

신숙주는 정희왕후의 이 말에 즉각 수긍했다. 신하들은 정희왕후의 결
정이 떨어지자마자 신속하게 대응했다. 신속하다 못해 자산군은 신하들
이 맞이하러 가기도 전에 이미 대궐 안에 들어와 있었다.

자산군을 궁궐에서 맞이하고도 신숙주는 분주했다. 최항과 더불어 교
서를 찬술하고 승지 한계순은 자산군의 부인인 한명회의 딸을 맞이해오
게 했다. 제3순위 자산군에게 왕위를 잇게 하는 작업은 신숙주의 손에서
차질 없이 진행됐다.

●● 경복궁 전경

성종은 예종이 승하한 당일인 1469년 11월28일 경복궁 근정전에서 즉위한다. 경복궁은 태조 4년(1395)에 지어진 조선의 정궁이다. 하지만 굴곡진 역사는 이 정궁을 지키지 못한다. 임진왜란 때 불타버린 궁을 흥선대원군의 고집으로 고종 4년(1867)에 와서 새로 지었다.

●● 근정전

국왕의 즉위식이나 혼례와 같은 궁궐의 큰 행사는 주로 이곳에서 치러졌다. 근정전에서 근정문 방향으로 좌우에 정1품에서 종9품까지 품계석이 세워져 있다. 품계에 따라 서는 신하들의 자리다.

어느 날 갑자기 왕이 된 성종은 이날 즉위식에서 무엇을 보았을까? 단 아래에서 고개 숙이고 있는 신하들을 다스리려면 얼마나 많이 성장해야 할지 두려움이 컸을 것이다. 궁 밖으로 펼쳐지는 병풍 같은 산을 보며 그 산처럼 자신을 지켜줄 대왕대비 정희왕후의 존재감은 느꼈을 것 같다.

근정전을 찾고 있는 수많은 관광객들. 그들은 이곳을 통해 즉위한 조선 임금들의 두려움과 설렘과 같은 복잡한 마음을 생각해 보았는지 궁금하다.

: 시간은 왕실편이다

다시 한명회의 능력에 의지했지만 정희왕후에게는 믿는 구석이 있었다. 바로 시간이다. 13살 자산군은 성인으로 성장할 것이고 50고개를 넘어선 한명회나 신숙주는 늙어갈 것이니까….

손자가 성년이 될 때까지 성군이 될 교육을 시키고 권력의 공백을 메워준다면 노회한 신하들이 떠난 뒤 손자는 무리 없이 정치를 해나갈 것이다. 시간은 왕실편이라는 믿음에 확신이 생겼다.

자산군이 한명회의 사위이기도 했지만 정희왕후는 월산군보다 자산군을 높이 평가했다. 세조는 자산군을 얘기할 때 "재질이 준수하여 숙성하였으므로 자질과 도량이 보통사람보다 특별히 뛰어나 태조에 견줄만하다"고 했다. 태종도 세종도 아닌 태조에 비교한 것은 난국을 타개할 수 있는 인물임을 보증하는 최고의 찬사였다.

자산군은 외모도 번듯했다. 세조실록은 세조 14년(1468) 6월 23일, 강옥과 김보가 인수대비의 오빠인 한치인의 집에서 어린 자산군(당시는 자을산군으로 불리었다)을 보게 된 장면을 소개한다.

그 곳에서 자산군을 보게 된 두 사람은 아름다운 외모에 비범한 자태를 느끼고 대면하지도 못한 채 자리를 떴다. 미화된 면이 있겠지만 자산군은 어릴 때부터 임금이 될 소양은 분명 갖고 있었던 것으로 보인다. 타고난 기질이 있다 해도 보위를 이을 자산군이 성년이 될 때까지는 누군가 수렴청정을 해야 한다. 신숙주가 정사를 맡아 달라고 청해왔으나 정희왕후는 망설였다. 아들 둘을 앞세운 복 없는 자신은 별궁에서 보양이나 하는 것이 낫지 않을까 고심했다. 문자도 모르는 자신보다는 자산군의 모후인 인수대비가 더 나으리라고 생각해 두세 번 사양했다.

신숙주가 다시 나섰다. 사양하는 정희왕후에게 "왕이 어려 백성이 허둥대고 있으니 슬픔을 억제하고 종사의 소중함을 생각해 수렴청정을 받아 달라"고 요청한다. 임금이 어느 정도 성장할 때까지만 맡아달라는 설득으로 정희왕후의 허락을 받아낸다.

훗날 신하들이 여주(女主)라고 칭하듯이 청정 기간 동안 권력은 왕후에게 집중된다. 권력은 손님처럼 정희왕후를 찾아왔다. 1469년 정희왕후는 그렇게 찾아온 권력을 긴장과 함께 맞이해야 했다.

무심한 배

병치레를 빌미로 정희왕후의 손자 셋 중 가장 나이가 많은 장손, 월산군은 또 다시 권력에서 밀려났다. 아버지 의경세자가 죽었을 때는 강보에 싸여서, 삼촌 예종이 죽었을 때는 병약하다는 이유로 두 번이나 코앞에 있던 임금 자리에서 밀려났다.

월산군의 장인은 한명회의 심복으로 알려진 박중손. 정치적인 영향력이 한명회보다 낮아 사위를 왕위에 올려놓지 못했지만 운명은 얄궂다. 그의 아들 박원종이 중종반정을 일으켜 성종(자산군)의 두 아들, 연산군과 중종의 운명을 갈라놓았으니 말이다.

이렇게 저렇게 왕의 자리와 멀어진 월산군, 즉 월산대군은 자연을 벗 삼으며 작은 의심도 사지 않으려 노력하면서 세월을 보내야 했다. 그의 유명한 시조 한 수가 그의 입장을 절묘하게 노래한다.

추강(秋江)에 밤이 드니 물결이 차노매라
낚시 드리치니 고기 아니 무노라
무심(無心)한 달빛만 싣고
빈 배 저어 오노라

다른 듯 닮은 : 정희왕후
닮은 듯 다른

2장

정희왕후의 과제

: 피바람의 조선

조선 최초의 수렴청정. 누군가 걸어간 길이 있었다면 그 발자취를 따라가면 될 텐데 개국 이래 여성이 정사를 맡게 된 수렴청정은 처음이다. 남편인 왕보다 오래 살아 임금의 모후로 대비가 된 것도 이때까지는 정희왕후뿐이었다. 물론 고려와 그 이전의 역사에서 몇몇 사례를 찾을 수는 있다. 하지만 정희왕후에겐 모든 것이 낯설었다.

한명회와 신숙주라는 세조의 양 날개를 발판삼아 선택한 세 번째 안의 인사. 왕자에게 시집와 뜻하지 않게 중전의 자리에 앉게 되었던 것처럼 그 날의 선택도 예정된 일이 아니었다. 게다가 세 번째 안의 선택이 갖는 한계 때문에 수차례의 노심초사를 반복해야 했다.

조선의 건국이 1392년. 성종이 즉위한 1469년은 77년의 역사가 이어진 때다. 아직 100년의 역사를 일구지 못했지만 수렴청정을 끝내고 나면 손자가 조선 개국 100년을 맞이할 것이다. 명실상부한 국가의 틀을 다져야 했다. 그 틀은 더 이상 피를 부르지 않아야 했다. 정희왕후는 그 점을 주목했다.

조선의 기본 정책은 세 가지였다. 사대교린(事大交隣)과 숭유배불주의(崇儒排佛主義) 그리고 농본민생주의(農本民生主義)였다.

사대교린은 신하들의 손에 맡기고 숭유배불은 근간을 흔들지만 않으면 됐다. 그러나 농업을 통해 백성의 삶을 윤택하게 하고자 한 농본민생주의는 한시가 급했다.

역성혁명을 일으키거나 난을 일으켜 정권을 잡은 세력들이 역모라는 이름의 소용돌이를 잠재우려면 백성들이 먹고사는 걱정을 덜어줘야 했다. 백성의 입장에서는 정권을 누가 잡는가도 중요하지만 어떤 정권인가가 더 관심사였다. 세조 역시 스스로 절약하는 모습을 보이는 한편 백성들이 먹고 사는 걱정을 덜어주기 위해 노력했다. 민심을 얻기 위한 행보였다.

정희왕후는 세조의 아픔을 고스란히 보았다. 임금의 마음이 백성에 가 있어도 신하들의 마음이 다른 곳에 가 있으면 뜻이 이뤄지기 힘들었다. 세조와 함께 정난에 가담했던 신하들은 백성보다는 자신의 안위가 먼저였다. 그런 신하들에게 세조는 지나치게 관대했다. 태종이 되고 싶었지만 태종만큼 모질지 못했다. 그만큼 괴로워했고 속을 끓여야 했다. 그 애달픔이 병으로 왔을지도 모른다.

정희왕후는 손자에게까지 그런 아픔을 건네고 싶지 않았다. 그것이 자신에게 주어진 과제라고 믿었다. 감히 태평성대를 꿈꿀 수는 없어도 손자의 정치에 걸림돌만이라도 없애주고 싶었다. 정희왕후는 그 '걸림돌'에 많은 고민을 했다. 걸림돌을 없애야만 손자가 유교의 가치에 맞는 국가를 만들어 갈 수 있다. 그 걸림돌 제거는 자신의 몫이다. 첫 걸림돌은 피바람을 잠재우는 것이었다.

태조가 조선을 세운 이후 조선의 왕위계승은 피로 얼룩졌다. 조선을 건국하기 위해 죽어나간 사람들은 셀 수 없을 정도였다. 왕씨들을 수장시킨 조선 건국 세력에 맞서 고려의 유신들은 개성 두문동에 들어가 나오지 않았다. 두문불출(杜門不出)이라는 말은 이렇게 만들어졌다.

시할아버지 태종의 서슬 퍼런 피바람은 더 무서웠다. 개국에 공이 없는 이복동생들에게 임금 자리를 선위하겠다는 태조에 맞서 난(1차 왕자의 난)을 일으켰다. 권력을 빼앗은 후에도 피바람은 이어져 형의 반격(2차 왕자의 난)을 맞기도 했다.

시아버지 세종에게 물려준 권좌 역시 피바람이 가득했다. 세자 양녕대군을 폐위시킨 폐 세자의 이면에는 태종의 부인이며 정희왕후의 시할머니가 되는 원경왕후의 가족에 대한 경계심이 자리하고 있다. 태종에게 외척은 왕권을 위협하는 가시였다. 원경왕후 민씨는 정도전의 함정에 빠질 뻔 했던 태종을 위기에서 구해낸 인물이다. 함정에 빠지기 전에 선수를 치도록 해 태종 이방원이 권력을 잡는데 결정적인 기여를 했다. 그 과정에서 원경왕후의 남동생인 민무질, 민무구 형제의 도움은 엄청난 힘이었다. 힘이 컸던 것이 오히려 죄였다. 이들은 왕권에 위협이 될 수도 있다고 판단한 태종에 의해 사사된다.

외척에 대한 불신은 시어머니 소헌왕후에게도 이어졌다. 소헌왕후 역시 생각하지도 못했던 중전이 되었지만 그 중전이 되는 바람에 친정아버지가 억울하게 숨지고 가족이 멸문을 당하는 꼴을 감내해야 했다.

조선 개국 후 첫 적장자로 대를 이은 문종은 그 어디서도 찾아볼 수 없는 정통성과 능력을 가졌지만 왕위에 오래 머물러주지 못했다. 게다가 유사시에 왕의 정통성을 보호하고 위기를 수습해줄 대비도, 중전도 없는 상태에서 세상을 떠나고 만다.

12살 임금, 단종은 정통성은 확보했으나 편안하지 못했다. 세조와 같은 야심가들을 늘 경계해야 했다. 살생부까지 등장한 피바람, 계유정난의 중심에는 정희왕후의 남편, 세조가 있었다. 그렇게 피로 물든 역사의 벌을 고스란히 받은 듯 세조는 피부병과 싸워야 했고 두 아들은 만 스무 살을 넘기지 못하고 세상을 떠났다. 벌을 받고 있다는 자책감도 컸다. 권력투쟁 후 이어지는 피바람은 사실 여부를 따지기보다는 옭아매기가 많았다. 권력을 잡기위해 태종은 이복형제들을 죽였고 권력을 안정시키기 위해 신하들을 함정에 빠뜨렸다. 피도 눈물도 없는 처사였다.

세조도 마찬가지였다. 스스로의 행위를 정난이라 이름 붙여 미화했지만 그 후 몇 차례나 난과 저항에 시달렸는가? 그 때마다 피바람이 불었다.

두문동은 개성에도 있고 정선에도 있다

두문불출(杜門不出)이라는 말을 낳게 한 두문동은 경기도 개풍군 광덕면에 있는 광덕산 서쪽 골짜기다. 그런데 이 두문동이 강원도 정선에도 있다. 정선군 고한읍 고한리 두문동이 그 곳이다.

지금은 터널도 개통되고 도로도 닦여 있지만 예전에는 발길이 닿기도 힘든 두메산골이었다. 이곳이 두문동의 이름을 갖게 된 것도 이 고사를 낳은 고려충신들과 연결된다.

야은 길재를 비롯한 고려 유신 72명은 이성계가 조선을 건국하자 벼슬을 내려놓고 개풍군 두문동에 들어가 은둔하면서 새로운 왕조를 외면했다. 태조 이성계는 어떻게 해서든 이들을 조정으로 불러오기 위해 노력했으나 이들은 단 한 명도 새나라 조선에 협조하지 않았다.

72현이라고 부르는 이 72명중에 전오륜이라는 인물이 있다. 전오륜은 조선의 회유를 피하기 위해 조상들의 땅이었던 정선으로 오게 되고 이곳에서 생을 마치게 된다. 전오륜 외에도 6명의 고려유신이 함께 하고 있어 7현으로 불린다.

이들이 정착한 곳은 이후 두문동으로 불리게 된다. 이들도 정선 두문동에서 나가지 않았으므로 정선판 두문불출이 되는 셈이다.

: 왕권의 안정

아직 백년도 못 채운 조선. 그럼에도 피로 얼룩진 조선을 이제는 보듬어야 할 때다. 정희왕후는 피바람이 더는 없어야 한다는데 주목한다. 그러려면 반듯한 왕과 왕권 안정이 필수다.

자산군의 자질은 어진 임금이 되기에 부족하지 않았다. 교육만 잘 시킨다면 감히 시아버지 세종을 꿈꿀 수도 있으리라는 나름의 믿음을 가졌다.

문제는 왕권의 안정이다. 원상이라는 타이틀을 가지고 임금을 보필하고 있는 공신들은 가장 믿을만한 존재이면서 가장 버거운 인물들이었다. 노련할 대로 노련해진 그들은 임금의 권좌도 쥐고 흔들 수 있었다. 궁궐 안에서는 왕이 제1 권력자일지는 몰라도 궁궐 밖은 저들 공신들의 세상임을 모르지 않았다.

겸양의 표현이기도 했지만 수렴청정을 자산군의 모후인 큰 며느리에게 맡기려고 한 것은 그런 버거움에서 왔다. 문자, 즉 한자를 모르는 자신이 정사를 처리하기는 쉽지 않았다. 막막하기만 했다.

신하들은 일단 만류했다. 여러 가지 이유가 있겠지만 큰 며느리는 왕의 어머니일 뿐 중전의 자리에는 있어보지 못했던 약점이 있다. 게다가 큰 며느리에게 맡겼을 때 둘째며느리의 상실감은 더욱 커지리라. 아들이 왕위계승에도 밀려났는데 짧은 시간이었지만 신하의 위치에 있던 큰 동서에게 권력까지 넘어가는 것은 달갑지만은 않은 일이었다.

정희왕후는 손자가 성년이 될 때까지 자신은 걸림돌이 되거나 문제가 될 소지를 찾아 없애는 것으로 본분을 다하리라 마음먹었다. 태종의 피바람 대신 남편 세조의 공신들과 다시 한 번 손을 잡아야 하는 이유도 여기에 있었다. 비대해진 공신들의 힘이라는 무거워진 짐을 고스란히 남겨줄 수밖에 없었던 것 또한 이런 선택의 한계에 있었다. 피를 흘리지 않고 권력을 지켜내려면 힘이 있는 사람들한테 기대는 것도 전략이다. 어린 손자가 대통을 잇고 저들을 대적하려면 때를 기다려야 했다.

: 갑옷의 의미

계유정난을 묘사한 단종실록에는 정희왕후가 세조의 결심을 굳히기 위해 갑옷을 내민 장면이 등장한다. 정희왕후가 준비한 갑옷은 정난 당일 허무하게 쓰러진 김종서와는 정반대의 모습을 보여준다.

수양대군이 왕위로 가는 길의 가장 큰 걸림돌, 김종서를 없애기 위해 칼을 빼들려고 할 때 그의 휘하에는 반대하는 세력들이 있었다.

실록은 수양대군이 잠저에서 자신의 뜻을 피력할 때 슬금슬금 문밖으로 도망간 이들이 수두룩했다고 적고 있다. 송석손 같은 이는 세조의 옷을 끌어당기면서 두세 번 만류하기도 했다. 이 때, 겉으로는 의연하게 대처했지만 속으로는 두려워했을 수양대군 앞에 정희왕후가 나타난다.

'중문에 이른 수양대군에게 갑옷을 끌어 입힌다'고 실록은 전한다. 굳이 끌어 입혔다는 표현을 써 정희왕후의 존재감을 키우고 있다. 수양대군이 어쩔 수 없이 칼을 뽑았다는 상징성을 강조하기 위한 일종의 장치다.

인간적인 고뇌를 가장 가까이에 있는 사람이 다잡아주는 형상인 이 대목은 왕건이 궁예를 몰아낼 때에도 등장한다. 궁예를 배신하기 힘들어 망설이는 왕건에게 유씨 부인은 손수 갑옷을 입히며 "폭군을 몰아내는 것은 예로부터 있어온 일"이라고 왕건을 다독였다. 번뇌에 종지부를 찍는 모습이다.

갑옷은 또 훗날 효종시절, 이완장군에게도 등장한다. 효종이 어느 날 밤, 갑자기 궁궐로 이완을 호출했을 때 이완의 부인은 "야심한 시각에 임금이 장군을 호출하는 데에는 이유가 있을 것"이라는 귀띔을 해주고 갑옷을 건넨다. 아니나 다를까. 효종은 들어오는 이완을 향해 화살을 날렸고 이완은 부인 덕에 임금의 신뢰를 얻을 수 있었다.

이렇듯 갑옷은 반역을 도모하는 남편들에게 용기를 주고 이를 정당화하기 위해 등장한다. 또 한편으로는 부인의 현명함과 담대함을 내어 보이기 위해 효과적으로 나타난다. 부부가 동반자라는 가장 뚜렷한 증거가 되기도 한다.

정희왕후는 수양대군의 거사를 만류한 것으로도 알려져 있다. 그런데 웬 갑옷? 그것도 결정적인 시간에 남편 앞에 내 놓았을까?

수양대군과 부인 윤씨는 문자 그대로 동반자였다. 오늘날의 잣대로 보아도 멋진 부부였다. 수양대군은 웬만한 대사는 부인과 함께 의논했다. 거사 역시 이미 오래 전부터 알고 있었던 내용이다. 부인의 입장에서는 목숨을 내놓아야 하는 일에 쉽게 찬성할 수 없었다. 피비린내 나는 정쟁을 더 이상 보고 싶지 않다는 마음도 있었다. 하지만 조심스럽게 의견을 개진하는 수준이었을 것이다. 최종 결정은 남편의 몫이었고 운명만 하나임을 누구보다 잘 알고 있었다.

오늘날 정치권으로 진출한 정치인들의 배우자들을 생각한다면 쉽게 이해될 수 있는 대목이다. 함께 정치를 하는 부부도 있겠지만 대부분 부부 한 쪽이 정계에 진출한다. 상당수의 배우자들은 정계진출을 반대하면서도 선거운동이 시작되면 적극적인 지원에 나선다.

정희왕후 역시 마찬가지였다. 결정권 없는 두 가지 가능성이 앞에 놓여있을 때 부인의 입장에서는 두 가지 모두를 준비하지 않을 수 없다. 당시의 시대상황에서 정희왕후는 반대의견을 개진할 수는 있어도 그것을 막을 힘까지는 없었다. 정책결정과정에서 수없이 반대를 했어도 최종결정이 내려진 다음에는 체념해야 했다. 자신의 입장을 뒤로하는 것이 갑옷을 내민 정희왕후의 선택이었다.

정희왕후의 또 다른 의논 상대였던 며느리 한씨, 훗날 인수대비가 되는 맏며느리는 야심찬 인물이었다. 인수대비와 한명회는 일가친척. 주변의 대세를 거스를 수 없었던 정희왕후는 자칫 흔들릴 수 있는 세조의 의지를 다잡고 그 일이 목숨을 걸어야 하는 일임과 동시에 꼭 성공해야 함을 강조해주고 있다.

계유정난에 등장한 갑옷은 조카를 몰아내고 왕위에 오른 세조 역시 약한 인간이었음을 보여줌과 동시에 동반자 정희왕후의 입지를 보여주는 바로미터이기도 하다. 정희왕후 역시 정난공신들과 어깨를 나란히 할 수 있는 공로가 있었으며 정치적인 역량을 발휘할 자질이 있었음을 알려주고 있다.

2부

독살설을 남긴 예종, 정희왕후의 숙제로 남다

⋮

젊은 임금, 예종. 왕성한 혈기로 노회한 신하들을 대적하기 위해
비장의 무기들을 뽑아들었다. 지지기반도 없이 왕권을 강화하기 위해 애썼던 예종은
그러나 왕위에 오른 지 16개월 만에 세상을 떴다.
고군분투한 예종은 기득권을 놓지 않으려는 세력들에 의해 독살됐을 것이라는
의혹을 남겼다. 그 의혹의 범주에는 정희왕후도 들어간다.
사실여부를 떠나 왕권강화를 위해 몸부림친 예종의 족적은
정희왕후에겐 고스란히 숙제로 남았다.

3장

예종과 공신들의 엇박자

: 강력한 군주이고자 했던 예종

　예종은 어린 나이에 임금의 자리에 올랐지만 의외로 강한 모습을 보였다. 그는 신하들의 예상과는 달리 즉위 하자마자 왕권강화를 서둘렀다.

　세조는 말년에 건강이 악화돼 원상제(院相制)를 도입했다. 원상제는 재상 급 신하들에게 임금과 세자 등의 정사를 보좌하게 했던 제도다. 원상들 대부분은 아버지 세조와 계유정난에 참여한 덕에 비정상적으로 성장한 공신들이었다. 임금이 된 예종에게 이들의 존재는 걸림돌이었다. 여기에 어머니 정희왕후의 힘을 믿고 때로는 물의를 빚기도 하는 외척들까지 왕권강화에는 방해가 됐다. 예종은 이들을 다양한 방법으로 압박했다. 쓸 수 있는 카드는 모두 꺼내들었다.

　즉위년(1468) 12월 9일, 예종은 대납(代納)을 금지시켰는데도 법을 위반하는 자들이 있다는 사실에 분개해 대납하는 자는 즉시 극형에 처하여 민생을 안정시키라고 명을 내린다.

대납은 문자 그대로 납세자 대신 공물을 납부해주고 추후에 청구하는 것을 뜻한다. 예종 집권 당시 대납은 대납권을 가진 공신들이 먼저 세금을 내준 뒤 백성들에게 그 몇 배를 받아내 재산을 불리는 주요 수단이 되고 있었다. 이를 안 예종은 대납을 금지하라는 명을 내려 신하들을 압박했다.

그뿐 아니었다. 고관대작들의 집을 방문해 청탁을 넣는 분경(奔競)을 금지하고 심지어는 세조가 공신들에게 주었던 면죄권까지 없애려고 했다. 공신들의 치부 수단을 모두 막아버리겠다는 자세였다. 예종이 이처럼 공신들의 특권에 정면 승부를 건 것은 공신들의 부패 때문이었다. 유자광은 예종이 대납을 하면 극형에 처하겠다는 극약처방을 내린 다음날 임금의 맘에 쏙 들 상소를 올린다.

… 신이 엎드려 보건대, 지금의 사대부(士大夫)들이 염치(廉恥)의 도리를 잃고 뇌물(賂物)을 공공연하게 행하여, 우마(牛馬)·금백(金帛)·전민(田民)을 가지고 서로 증유(贈遺)하면서 이에 이르기를, '해 저문 밤이니, 아는 자가 없다'고 하니, 이는 이른바 '그 욕심이 계학(谿壑)과 같다'는 것이며, 이른바 '빼앗지 아니하고는 만족하지 않는다'는 것입니다. 신의 어리석은 생각으로는, 근년 이래로 난신(亂臣)과 적신(賊臣)이 접종(接踵)하여 잇달아 일어나

는 것은 반드시 이 풍속의 영향이 아닌 것이 없다고 여깁니다….

유자광은 '빼앗지 않고는 만족하지 않는다'는 한 줄로 그 심각성을 드러내주고 있다. 사람들의 눈을 피해 야밤에 뇌물을 서로 주고받았다는 유자광의 지적은 당시 공신들의 단면을 여실히 보여준다.

공신들의 힘을 약화시키고자 한 예종의 의지는 선왕, 세조의 능 건설에도 드러났다. 세조는 능 건설에 백성들의 고초가 크다는 것을 알고 "죽으면 빨리 썩어야 한다"며 석실과 석관을 만들지 말라는 유언을 남겼다.

조선 임금의 왕릉은 '도성 십리 밖 백리이내'라는 원칙을 바탕으로 풍수지리에 따라 조성됐다. 그 조성에만 무려 다섯 달이나 걸릴 정도로 규모가 컸다.

태조 이성계의 건원릉을 조성했던 태종 8년(1408) 7월 5일 태종실록 기사에는 '여러 도(道)의 군정(軍丁)을 징발하여 산릉(山陵)의 역사(役事)에 부역(赴役)하게 하였다'는 기록이 나온다. 이 기록에 따르면 충청도에서 3,500명, 풍해도(豊海道)에서 2,000명, 강원도에서 500명이라고 기록해 6,000명이라는 어마어마한 인원이 동원되었음을 알려주고 있다.

역대 왕들의 능 모델이 되었을 건원릉은 서운관에서 "능실을 석실로 만들자"는 상서를 올려 그대로 시행됐다. 세조는 이 부분에서 걱정을 했다. 석실로 만들면 시신이 썩기 힘들뿐만 아니라 동원되는 인원에서 알 수 있듯이 어마어마한 노력이 들어가야 한다. 평소 검소했고 백성들의 노고를 덜어주어야 한다고 생각했던 세조는 선대부터 내려온 전통이었지만 석실과 석관을 하지 말라는 유언을 남겼다.

　선왕의 유언이었지만 아들의 입장에서도 그렇고 신하들의 위치에서도 쉽게 따르기 힘든 내용이었다. 의경세자의 부인인 수빈, 즉 인수대비까지 가세해 유언을 받들 수 없다고 나선다. 예종은 수빈까지 나서자 주춤거렸지만 정희왕후와 상의한 후 세조의 유언을 따르겠다고 명한다.

　임금 예종은 큰 결정 하나를 내릴 때마다 신하들과 자주 갈등을 빚었다. 이 때 수빈마저도 예종이 아닌 공신들의 편에 서있었다. 수빈의 그런 공조는 수빈이 겪어야 했던 상실감이 접착제 역할을 한 것으로 볼 수 있다.

　예종의 왕권강화는 공신의 힘을 눌러야 가능한 것이었다. 이는 공신과 같은 방향을 보고 있는 수빈과는 입장이 반대일 수밖에 없었다. 그만큼 예종이 자신의 뜻을 펴기에는 장애물이 많았다.

4장

분경奔競금지

: 분추경리(奔趨競利)

　　조선의 역사는 때로 왕권과 신권의 싸움으로 읽혀진다. 왕권이 비대해
지는가 싶으면 신하들의 견제가 시작되고 신하들의 힘이 세지는 것 같
으면 강력한 왕이 나타났다.

　　왕권과 신권이 균형을 이루고 가장 이상적으로 작동한 때는 세종대왕
시절이다. 하지만 세종대왕은 범상치 않은 인물이자 쉽게 따라가기 힘
든 모델이다. 세조도 그런 부담을 알고 있었기에 아버지 세종보다는 할
아버지 태종을 따르고 싶어 했던 것으로 보인다.

　　할아버지 태종처럼 강력한 왕이 되고 싶어 했지만 세조는 그렇게 하지
못했다. 세조의 인간적인 면도 있겠지만 여러 차례의 공신옹립으로 신하
들의 힘이 지나치게 커졌다. 이는 세조가 자초한 일이기도 하다. 세조시

대, 공신 즉 훈구대신들은 세조의 비호아래 권력과 부를 거머쥐게 됐다.

실세들이 있으면 이들에게 줄을 대 자신들의 입지를 강화하는 일은 어느 시대에나 있다. 그 폐단이 만만치 않았지만 출세의 지름길을 알게 된 사람들은 쉽게 포기하지 못한다. 줄을 잘 서야 한다는 것은 예나 오늘이나 변함없이 이어지고 있다. 학연이나 지연 역시 줄의 다른 이름일 뿐이다.

임금의 절대 권한인 인사권이 조정 대신들의 손에서 놀아나게 되면 그만큼 왕은 힘을 잃게 된다. 권세가의 등장은 필연적으로 왕권을 약화시킨다. 왕권을 농락할 수도 있는 신하들의 힘을 막기 위한 임금의 카드가 분경금지다. 분경이란 분추경리(奔趨競利)의 줄임말로 벼슬을 얻기 위해 권력 실세들의 집에 분주하게 드나드는 엽관운동을 법으로 막는 장치였다. 예종은 분경금지를 적극 활용하고자 했다.

즉위한 해인 1468년 10월 4일 "권세가에 벼슬을 청탁하는 자나 마음대로 왕래하는 자를 엄하게 다스리라"는 명을 내린다. 예종은 청탁을 통해 벼슬을 얻는 자를 경계하며 권력실세에 빌붙기 위해 드나들면 종친이든 재상이든 심지어 공신일지라도 즉시 목에 칼을 씌우고 숨김이 있을 때는 일가족을 몰살하는 족주에 처하겠다는 강경한 입장을 피력했다.

우의정 김질은 이를 영의정 이준과 의논한 끝에 족주는 지나치다고 건의해 극형에 처 한다는 수준으로 형량만 낮추는데 그쳤다. 예종은 엄포에만 그치지 않고 실력행사에 들어갔다.

예종 즉위년(1468) 10월 19일. 당대를 주름잡던 신숙주 등 세력가들의 집을 찾았던 사람들이 줄줄이 의금부에 갇힌다.

… 임금이 선전관(宣傳官)을 종친과 재추의 집에 나누어 보내어서 분경(奔競)을 적발하게 하였는데, 드디어 함길도 관찰사 박서창(朴徐昌)이 보낸 사람 김미(金美)를 고령군 신숙주(申叔舟)의 집에서 잡고, 경상도 관찰사 김겸광(金謙光)이 거느리는 상주(尙州)의 경저인(京邸人) 주산(周山)을 우의정 김질(金礩)의 집에서, 영유(永柔) 관노(官奴) 내은달(內隱達)을 귀성군(龜城君) 이준(李浚)의 집에서, 양인(良人) 김산(金山)을 박중선(朴仲善)의 집에서, 여인(女人) 소비(小非)를 성임(成任)의 집에서 잡아 계달하였다. 전교하기를,

"분경(奔競)을 금하지 못한 것은 사헌부에 책임이 있다" 하고, 사헌부 지평(司憲府持平) 최경지(崔敬止)를 의금부에 가두도록 명하였다. 신숙주가 예궐하여 사죄하기를,

"박서창이 글을 부쳐 위문(慰問)하고 아울러 표피(豹皮) 한 장을 보냈는데, 신이 물리치고서 그 사람이 미처 가지 아니하였는데, 붙잡혔습니다" 하니, 임금이 신숙주에게 이르기를,

"경은 무엇을 혐의하는가? 다만 박서창의 허물이다" ….

실세들의 집을 방문한 이들의 목적은 묻지 않아도 알 수 있는 일이다. 그러나 예종의 실력행사는 뇌물을 받은 대신들로 향하지 않고 뇌물을

주기 위해 실세들의 집을 방문한 지방 관리들에게로 향했다. 공신들은 예종에게도 높은 벽이었던 것이다. 이틀 후인 10월 21일, 예종은 어찰 (御札)로 대납과 분경을 저지르는 신하들을 엄벌에 다스리겠다고 유시 한다.

> … 칭념자(稱念者) 는 비록 중한 것이라도 그 실정에 따라 죄 를 논한다. 이제 비록 대납(代納)을 금하였을지라도 만약 수령이 이것으로 인하여 수렴(收斂)한다면 전과 다름이 없으니, 이는 더 욱 가혹하므로 능지(凌遲)함이 가하다. 수령·만호(萬戶) 및 관찰 사·절도사 등은 명(命)을 받아 일을 나누어 맡아서 지방을 진어 (鎭禦)하는데, 만약 백성에게서 수렴하여 많이 싣고 올라오면 이 는 도둑과 다름이 없으니, 어떻게 도둑을 금하겠는가? 이와 같이 하는 자도 죄가 같다. 알면서 고하지 아니하는 자도 또한 율(律) 에 의해 논단(論斷)한다."

칭념자란 일을 부탁하는 사람을 뜻하는 말로 분경금지에 걸린 사람들 이다. 예종은 관리들이 백성들을 수렴할 경우에는 능지까지 하겠다고 엄포를 놓는다. 백성을 수렴하는 것을 도둑에 비유할 정도로 예종의 의 지는 단호했다.

이러한 조치가 내려지고 3일 후인 10월 24일 남이 사건이 터진다. 상 소문을 통해 권력실세들의 비리를 고발했던 유자광은 임금의 눈에 들기 위해 남이에게 역모를 씌우며 가뜩이나 약한 예종의 지지기반을 흔들어 놓는다.

유자광은 남이의 역모를 예종 앞에 고하는 자리에서 남이가 "내가 거사하고자 하는데, 이제 주상이 선전관으로 하여금 재상의 집에 분경하는 자를 매우 엄하게 살피니, 재상들이 반드시 싫어할 것이다"라는 대목을 집어넣었다. 재상들이 싫어한다는 것은 재상들이 예종에게 등을 돌릴 수 있고 등 돌린 재상은 역모를 일으킬 수 있다는 개연성을 보여주는 대목이다. 이점이 남이의 역모로 수면위에 드러났다. 분경이 당시에 얼마나 뜨거운 감자였는지 보여준다.

출세의 지름길인 분경은 어느 시대에나 있어온 일이다. 분경은 관료들이 부패하는 지름길이기도 하지만 인사권을 가진 임금을 소외시킨다는 점에서 왕권 약화의 치명타이기도 하다. 젊은 임금 예종은 이를 읽었다. 분경이 수면 밑으로 내려앉게 된 것은 권력을 제대로 휘둘러보지도 못하고 세상을 뜬 예종의 부메랑이기도 했다.

: 흔들리는 왕권과 분경금지

조선시대 분경금지를 처음으로 시도한 임금은 의외로 정종이다. 정종은 1399년 하급관리가 상급관리를 방문하지 못하도록 명령을 내려 첫 분경금지의 교지를 내린다. 이를 위반하면 사헌부에서 조사해 귀양을 보내고, 평생 동안 관리로 나아가지 못하도록 하였으니 처벌의 강도 또

한 높았다. 그러나 이때의 교지는 교지로만 끝나고 실제로 작동시키지
는 못했다.

분경을 가장 강력하게 활용한 임금은 역시 태종. 태종은 1401년 삼군
부에 명해 무신의 집에 분경하는 것을 금하고 사헌부에도 집정의 집, 즉
권력을 행사하고 있는 관료들의 집에 분경을 금했다. 아예 이들 관리의
집에는 감시 조를 파견해 방문하는 사람들을 이유 불문 하고 가둘 정도
로 엄격하게 적용했다. 태종 1년(1401) 5월 20일 기록은 분경의 준엄한
잣대를 보여준다.

분경(奔競)을 금하였다. 임금이 재이(災異)를 염려하고 삼군부
(三軍府)에 명하여 무신(武臣)의 집에 분경하는 자를 금(禁)하고,
사헌부(司憲府)에 명하여 집정(執政)의 집에 분경하는 자를 금하
게 하였다. 삼군부와 사헌부에서 아전[吏]을 시켜 그 집을 지키
게 하여, 사람이 이르면 존비(尊卑)와 그 온 까닭을 물을 것 없이
모조리 잡아 가두니, 사람마다 의심하고 두려워하여 의논이 분운
(紛紜)하였다. 사헌부에서 동성(同姓)은 재종형제(再從兄弟)·조부
(祖父)에 한(限)하고, 이성(異姓)은 같은 3세(三世)의 친속(親屬)에
한하고, 그 이외 사람은 금하기를 청하니, 임금이 말하였다.

"친족이나 외족을 모두 같은 5세(伍世)의 친(親)에 한하여 금하
고, 영(令)를 범하는 자는, 직사(職事)가 있으면 신문(申聞)할 것
없이 직첩(職牒)을 거두고 파직(罷職)하고, 산인(散人)은 그 자원

(自願)을 들어서 외방(外方)에 귀양 보내라."

이처럼 왕권이 강할 때는 분경금지가 제대로 작동한다. 태종실록에는 '이무의 집을 분경한 김영렬을 파직한다'는 내용을 시작으로 분경과 파직이 여러 차례 눈에 띈다.

태종 이후 제도적인 조치가 거듭됐다. 그러다가 성종 1년(1470)에 분경의 금지 대상이 확정된다. 대상이 확정된 후 '경국대전'에 내용이 올라가며 법제화되었다. 경국대전에 올라간 분경금지 대상은 이조·병조의 제장과 당상관, 이방·병방의 승지, 사헌부·사간원의 관원, 장례원판결사 등이었다. 이들의 집에 동성 8촌 이내, 이성(異姓)·처친(妻親) 6촌 이내, 혼인한 가문, 이웃사람 등이 아니면서 출입하는 자는 분경자로 간주되어 100대의 곤장을 맞고 3,000리 밖으로 유배당하게 규정되어 있다. 분경의 금지대상에 가장 먼저 올라가야 할 원상들은 빠진다. 원상제도가 임시 제도이긴 했어도 분경이 실효성을 가지려면 원상들부터 분경금지의 대상에 들어가야 했다.

왕권이 흔들리면 분경금지는 맥을 추지 못했다. 성종 초에도 세조의 신하들은 여전히 큰 힘을 행사했다. 정희왕후를 도와 성종을 옹립한 대신들은 임금을 잘 보필했다는 좌리공신에 옹립된다. 이미 받을 만큼 받은 신하들에게 추가 혜택을 보태준 셈이다. 세조가 그렇게 했듯이 신하들의 공로를 치하해주면서 혹시 생길지 모를 반역의 기운을 없애야 하는 걱정은 정희왕후에게도 그대로 이어졌다.

한명회를 비롯한 공신들의 무대는 더욱 단단해져 가고 있었다. 이를 막을 단 하나의 방법은 분경금지였다. 예종이 그토록 분경의 칼을 휘두른 이유도 여기에 있었다. 하지만 이미 권력의 단맛에 빠진 대신들을 설득하기는 어려웠다. 분경의 규정을 완화하기 위해 성종이 내린 영령을 읽어보면 분경은 힘 있는 왕들만이 지킬 수 있음을 알 수 있다.

정희왕후가 수렴청정을 시작한지 두 달도 재 되지 않은 성종 1년 (1470) 1월11일 한명회와 신숙주는 분경의 법을 지나치게 시행하여 폐단이 있음을 아뢴다. 한명회는 "2품 이상의 집은 분경의 금령(禁令)이 지나치게 엄중하여 비록 유복친(有服親)이나 이웃 사람일지라도 서로 교제할 수가 없으니, 태평세상의 좋은 일이 아닙니다"라고 의견을 제시했다.

신숙주는 "집에서 빈객을 접대하지 않는 것은 신 등에게는 매우 편리하지마는, 다만 동맹친(同盟親)도 또한 과종(過從)을 허가하지 않는다면 아마 나라의 체면이 마땅히 이와 같아서는 안 될 듯 하오이다"라고 말했다. 법이 너무 엄하여 친척과 친지간에 왕래를 할 수 없을 정도라는 하소연이다.

한명회와 신숙주라는 투톱의 신하들이 이런 의견을 제시하자 5일 만에 분경을 완화하라는 명이 성종을 통해 내려간다. 핵심 내용은 분경은 그 요행을 바라는 무리들이 권문에 붙어 간청하는 것을 금지하려고 한 것뿐인데 재상의 집에는 일체 금지하고 있어 친척과 요우도 왕래하지 못하니 조종이 법을 제정한 본뜻은 아니라는 것이다.

분경금지의 핵심대상이 되어야 할 원상이 그 대상에서 빠지자 사헌부가 즉각 반발하며 문제를 제기한다. 완화 조치가 내려진지 4일 만인 성종 1년(1470) 1월 20일, 사헌부에서 원상의 집에 분경을 금지할 것을 청한다. '원상의 권세가 무거운데 그 집에 분경을 금지하지 않은 것은 적절한 조치가 아니다'는 뼈아픈 지적을 한 것이다. 사헌부의 이 같은 의견은 일단 그대로 받아들여졌지만 이내 힘을 잃는다.

분경을 둘러싸고 원상과 사헌부간의 이런 시소게임은 성종 2년(1471) 12월 11일 다시 이조·병조의 당상과 제장 외에는 분경을 금하지 말게 하는 것으로 결론이 난다. 권력의 핵심이었던 원상은 빠졌으니 유명무실한 법이 된 것은 물론이다. 원상이 이긴 셈이다.

: 유명무실해지는 제도

무력해진 분경금지는 정희왕후의 수렴청정 기간 동안 법으로만 금지되었을 뿐 실제 엄격하게 작동되지도 못했다. 신숙주는 영의정 시절인 성종 3년(1472) 9월 23일 이렇게 고한다.

"요즘 와서 정사(政事)를 보는 날에는 군사(軍士)로 하여금 휘장[帳] 밖에 둘러싸고 서게 하여 분경(奔競)을 금하게 하였습니다마는 신(臣)의 생각으로는 대체로 미편(未便)하게 여겨집니다. 만일 청탁(請托)을 듣는다고 한다면 어찌 반드시 정사 보는 때를 기다리겠습니까? 청컨대 이를 제거(除去)하게 하소서."

정사를 볼 때만 분경을 금지한다니 얼마나 우스꽝스런 모습인가? 분경을 하려고 마음먹은 사람이 정사를 볼 때만 고관대작을 찾아올 리는 없다. 그런데 이런 신숙주의 의견에 대해 사관(史官)은 사신 왈(史臣 曰)로 시작하는 사평(司評)을 싣는다.

"의심하면 맡기지 말 것이요, 맡겼으면 의심하지 말라'함은 성인의 가르침이다. 예부터 임금과 신하 사이에는 서로 의심함을 근심하였으니, 뜻에 정성으로 사귀지 못하고서 능히 선치(善治)에 이르는 자가 적었다. 설사 분경(奔競)을 대낮[白日]에는 금하게 한다 하더라도 어떻게 어두운 밤에까지 다 살필 수 있겠는가? 이는 한갓 시기하고 의심한다는 이름만 취하게 할 뿐이고 일에는 도움 되는 것이 없으니, 신숙주의 말은 참으로 확실한 논리이다. 비록 그렇다고 하더라도 외수외미(畏首畏尾) 한 자라면 능히 이 말을 낼 수가 있겠는가? 신숙주는 현명한 이라 할 만하다" 하였다.

사관은 실효성이 없는 법이지만 신숙주가 남을 의식하는 사람이었다면 이런 의견을 내지 않았을 것이라고 평가했다. 그러면서 외수외미한 자, 즉 겁이 많은 사람이었다면 이렇게 말을 하지 못했을 것이라고 추가했다.

사관의 눈에는 실효성도 없는 법을 지키고자 군사들을 바깥에 세워놓는 모습이 가관이었을 것이다. 신숙주 정도 되는 인물이 그만한 일을 아뢴 것에 대해 사관이 그리 과대평가한 이유는 뭘까?

조선시대의 사관에게 직필(直筆)은 생명이었다. 조선의 임금 중 왕권을 가장 강하게 행사했던 태종도 사관의 직필을 피해가지 못했다. 태종 4년(1404) 2월 8일 기사에는 '임금이 사냥하다가 말에서 떨어졌으나 사관에게 알리지 못하게 하다'라고 기록돼 있다.

태종은 일거수일투족을 기록하고 쫓아다니는 사관 때문에 여러 차례 불만을 토로했다. 사냥 나갔다가 말에서 떨어진 태종은 이 굴욕적인 장면이 기록되는 것이 싫어 사관에게 부탁했지만 사관은 오히려 부탁한 것까지 기록해 놓을 정도였다.

사관들은 문장력과 이해력도 빨라야 했지만 무엇보다 기개가 있어야 했다. 때문에 임금과 신하들이 사관앞에서 주고받는 대화나 행동을 조심하는 것은 기본자세였다. 특히 사관들이 쓴 사평은 임금과 신하가 모두 두려워할 수밖에 없었다. 그런 사관이 바로 임금과 신하들이 가장 관심을 갖는 사평을 통해 신숙주를 현명한 사람이라고 추켜세웠다. 내용은 논쟁을 불러오기에 충분했다. '의심하면 일을 맡기지 말고 일을 맡겼으면 의심하지 말라'는 성인의 말에는 이런 의문이 남는다. 권력을 가진 사람들에게는 시기와 의심을 걱정하기보다 권력을 남용할 수 없도록 장치를 만들어야 한다고 ….

수없이 많은 사람들이 권력 남용으로 폐를 끼치고 급기야는 패가망신하는 꼴을 어렵지 않게 찾을 수 있다. 그들이 스스로를 경계하며 초심을 지켰다면 겪지 않았을 일이 대부분이다.

초심이 그렇게 쉽게 지켜질 수 있을까? 인간 본연의 욕망도 문제이지만 권력주변의 생리는 권세가들을 흔들기 마련이다. 사람들이 초심을 지키기가 얼마나 어려운지는 두대라는 인물의 예에서 잘 알 수 있다. 성종 13년(1482) 윤 8월 11일 정희왕후는 '두대가 양인이 되는 것을 허락한다'는 교지를 내린다.

두대는 세조 때 궁녀가 되어 정희왕후를 모신 인물이다. 궁녀였지만 당시 여성으로서는 드물게 문자를 깨우쳐 눈길을 끌었다. 정희왕후가 수렴청정을 하게 되자 문자를 모르는 정희왕후를 도와 기본 업무를 출납하는 일을 맡게 된다. 자연히 힘이 실리게 됐다.

정희왕후는 두대가 세조 때부터 자신에 이르기까지 내정의 일을 맡아 부지런히 도와준 공을 높이 사 양인이 되게 해줬다. 정희왕후가 이렇게 두대를 챙겨준 것과는 달리 사관은 '조정을 유린했다'며 냉혹한 평가를 내린다. 사관은 두대의 여동생이 길에서 대관과 다툴 정도였고 아예 문을 열어놓고 뇌물을 받아들였다고 전한다. 실록은 두대에게 줄을 대어 고관에 이른 인물로 이철견과 민영견, 변처녕 등 실명을 기록해 놓고 있다.

일개 궁녀였던 두대에게 조정의 관리들이 줄을 댈 정도였다니 권력의 측근에게 얼마나 많은 힘이 쏠리는지 쉽게 알 수 있다. 궁녀도 이렇게 휘두를 수 있는 것이 권력이다. 조정을 주무를 수 있는 고관대작들은 더 말할 나위가 없다. 각종 유혹 앞에 놓이게 되는 신하들. 이들이 스스로 청

렴을 유지하고 사리사욕을 경계할 수 있도록 만드는 통제는 오히려 절
실했다. 분경금지는 바로 그런 장치였다.

성종 5년(1474) 1월 23일 사헌부가 다시 원상의 집에도 분경을 금하게
할 것을 청하지만 받아들여지지 않는다. 사헌부도 가만히 있지 않고 원
상의 특수한 신분을 강조하며 임금을 압박한다. 원상이 임시 직책이라
분경이 미치지 않지만 임금이 어떤 결정을 내릴 때 원상에게 자문한 후
에 내리므로 그 권력의 중함은 분경의 대상이 되는 관리들과 비교할 수
없다고 다시 한 번 강하게 얘기한다. 이에 대한 성종의 답은 "더 이상 거
론하지 말라"였다.

분경금지는 이렇게 흐지부지된다. 성종 초반의 정치적인 상황은 역설
적으로 분경금지가 더욱 강력하게 적용되어야 했다. 하지만 왕권유지에
무게를 둔 정희왕후와 성종은 분경금지를 접는다.

분경금지는 세조도 신하들의 장벽을 넘지 못해 이루지 못했다. 세조
때 고관들에게 뇌물을 줬다는 의혹을 받고 잡혀온 김진지라는 인물이
있었다. 김진지가 죄를 시인하고 자신이 뇌물을 준 대신들의 이름을 대
자 해당 고관대작들을 나오게 해 김진지와 대질하게 했다. 이 때 권세가
들의 대답은 한결같았다. 짜 맞춘 듯 '뇌물은 하인에게 전달됐고 자신들
은 그 사실을 몰랐다'고 했다.

심문에 나선 세조는 알면서도 모르는 척 넘어간다. 모르는 척 넘어가
면서 속으로 삭여야 했던 분노는 뇌물을 준 사람들에 대한 사형으로 옮
겨진다. 당연히 사헌부에서 이의를 제기하고 나왔다. 하지만 세조는 공

신을 버리지 못했다. 김진지의 뇌물사건에는 세조의 공신인 한명회, 신숙주, 정인지 등이 모두 이름을 올린다.

임금이 신하들의 부패 고리를 막을 수 있는 무기는 이렇게 유명무실해졌다. 왕권도 함께 흔들렸다. 성리학이 조선의 중심사상으로 자리 잡고 사림들이 진출했지만 백성들의 안위는 안중에도 없는 관리들이 득세하게 된 것은 이 같은 초기의 장치들이 힘을 잃었기 때문이다. 안간힘이었지만 분경과 대납 금지를 추진했던 예종이 좀 더 오래 살았더라면 하는 아쉬움이 남는다.

5장

민수사옥 閔粹史獄

: 사초사건

공신들과의 대척점을 세우며 아슬아슬하게 이어져 가던 예종의 치세에 난 가장 큰 파열음은 '민수의 사옥(史獄)', 즉 사초에 손을 댔다가 피바람이 분 사건이었다.

사초(史草)란 알려진 것처럼 사관들이 작성한 후 비밀리에 간직했다가 임금이 죽고 난 후 실록청이 만들어지면 제출하는 것이었다. 기록할 역사의 초고인 셈이다. 익명성 보장은 기본적인 장치였다. 익명성이 보장되지 않으면 바른 기록을 제대로 할 수 없기 때문에 보장된 권리이기도 했다.

원칙은 이렇게 이어져 왔지만 비정상적인 방법으로 정권을 잡은 세조의 공신들은 자신들의 기록이 어떻게 전개될지 염려가 되었다. 예종 또한 마찬가지였다. 아버지 세조에 대한 기록이 어떻게 되었을지 궁금했을 뿐더러 명예를 실추시키지 말아야 한다는 의무감도 있었다. 예종과 공신의 의견이 일치되면서 사초에 이름을 써서 제출하라는 명령이 떨어진다. 이른바 사초실명제가 실시된 것이다.

사초가 실명제로 결론을 내리자 소신껏 마음 가는 대로 사초를 작성했던 사관들이 움찔했다. 특히 예종이 세자시절 서연관을 지냈던 사관, 민수는 불안에 떨었다. 느낀 대로 붓 가는 대로 두려움 없이 써내려간 실세들에 대한 평가가 자신에게 어떤 화살이 되어 돌아올지 두려움이 몰려왔다.

급한 마음에 기사관, 강치성을 찾아갔다. 강치성에게 은밀하게 자신이 쓴 사초를 꺼내 달라고 부탁했다. 제출했던 사초를 되돌려 받은 후 문제가 될 만한 부분을 찾아 고쳐버렸다. 그런데 긴장 속에서 급하게 일을 진행하느라 고친 흔적을 완벽하게 처리하지 못한 채 돌려주고 말았다.

이것이 화근이 되었다. 엉성하게 고치고 지운 민수의 사초는 검열을 담당했던 관리들에 의해 발각됐고 결국에는 임금에게까지 보고됐다.

예종은 분노했다. 민수가 고친 사초 내용은 양성지, 홍윤성, 신숙주, 한명회 등 공신들과 관련된 부분이었다. 사관이 대신들의 눈치를 보고 사초를 훼손하기까지 했다. 이는 사관이 대신들을 두려워하기 때문 아닌가. 감히 사초를 고친다는 것은 왕을 기만한 것이다. 왕권을 강화하기 위해 애를 쓰던 예종의 눈이 뒤집힐 수밖에 없었다.

눈치 빠른 한명회는 "민수가 처음에 '신이 강효문과 더불어 불궤를 도

모했다'고 썼다가 지웠는데, 지금 사초에 미납된 것이 많아 신은 뒤에도 또한 이와 같은 자가 있을까 두렵다"며 자신의 기록에 대해 민감하게 반응한다. 난을 일으킨 이시애의 계략이었지만 세조의 경계심을 자극해 가택연금까지 당했던 문제의 사건이 불궤라는 이름으로 다시 수면위에 올라오자 재빨리 수습에 나선 것이다. 아직 제출되지 않은 사초에 어떤 내용이 숨어있을지도 모를 일이었다. 긴장된 한명회는 임금의 확답을 받고 싶었다. 예종은 "의심하지 않는다"는 뜻을 전하며 한명회를 안심시켰다.

한명회 건은 눈감고 넘어가기로 했지만 사건 전모를 밝혀가던 예종은 대노했다. "양성지가 지금 춘추관에 근무하고 있어 두려워서 고쳤다"는 말을 들으면서 사건의 진실을 더욱 선명하게 파악할 수 있었다. 사관들이 요직에 있는 조정의 대신들을 두려워해 이런 엄청난 일을 저지른 것이다.

사관이 임금보다 공신들을 두려워한다. 이는 임금의 권위가 떨어졌음을 의미한다. 조카를 죽여 가며 왕위에 오른 세조가 꿈꾸었던 세상은 아니다. 반면 공신들은 말년에 자신들에게 의혹의 손길을 보내던 세조에 이어 어린 나이로 등극한 예종까지 젊은 혈기로 자신들을 압박하자 위기의식을 느끼기 시작했다.

민수가 고치려고 했던 사초의 주인공들을 떠올리며 예종은 고민해야 했다. 역사를 바르고 소신 있게 기록해야 할 사관들이 자신들이 쓴 기록을 고쳐야 할 정도로 공신들의 힘은 비대해져있다. 그들과의 전면전을 선포했지만 임금인 자신을 지지해줄 세력들은 아직 없다. 사관들이 기개가 있었다면 그들에게 의지할 수 있었을 텐데 그렇지 못했다.

임금보다 대신들을 두려워하는 세상에 분노했지만 예종은 짧은 생을 마감하는 바람에 대신들과의 힘겨운 싸움은 시작만 하고 끝은 보지 못했다.

공신들의 힘을 꺾고 왕권을 강화하기 위해 고군분투했던 젊은 임금, 예종, 신하들을 누를 수 있는 노련함도, 자신을 지지할 기반세력도 없었다. 왕권강화에 주력했던 젊은 임금은 그렇게 아쉬움을 남겼다. 예종의 16개월은 고스란히 정희왕후에게 숙제로 남았다.

: 고쳐진 사초

한국말은 부사가 중요하다. '아' 다르고 '어' 다를 때도 많다.

민수가 고친 사초의 내용은 여실히 이를 증명한다. 내로라하는 실세들의 구린 면을 느낀 대로 기록해 제출한 그는 작성한 사람의 이름을 써서 제출하라는 지침이 내려오자 아연실색한다. 그때나 지금이나 실세들의 비위를 건드리는 일은 목숨과 바꿔야 될 수도 있는 일이었다. 사초는 어떻게 바뀌었을까?

민수에 의해 임금 앞에서 직접 이름이 거명된 양성지는 상인과 돈 문제로 갈등이 생겨 일어난 송사에 연루됐다. 그런데 관련자들 중에서 양성지만이 문제의 일에 관여하지 않았다고 면죄부를 받았다. 이런 사실을 기록하며 민수는 '구차하게 용서를 빌어'라는 뜻의 구용(苟容)을 집어

넣었다가 지웠다. 용서를 빈 것이야 이해하겠지만 구차하게 빌었다니? 구차하게라는 부사에 딱 걸렸다.

백성들의 원성을 자자하게 들었던 공신 홍윤성의 기록은 적나라하다. 부친의 상중에 벼슬을 받아 함길도 절제사가 된 홍윤성은 절제사 근무를 하던 중 처녀를 겁탈한 일로 고소를 당하게 된다. 하지만 천하의 홍윤성이 쉽게 당할 리는 만무했다. 고소한 사람이 오히려 무고죄로 벌을 받는 것으로 사건이 종결된다. 홍윤성은 그런 일이 있고 난 뒤 아무 거리낌 없이 겁탈했던 그 처녀를 데리고 살았다. 홍윤성이 부친의 상중에 민가의 처녀를 겁탈하고 취하기까지 했다는 기록을 이렇게 가감 없이 기록했던 민수는 기겁을 하고 그 내용들을 수정했다. '술에 취하여'라는 말을 넣어 술김에 그런 것으로 슬쩍 돌려놓았다.

정희왕후의 동생, 윤사흔의 주사에 대한 기록은 체면을 살려주는 것으로 바꾼다. 술에 취하면 용렬한 언사로 남을 욕되게 했다는 내용을 쓰면서 고의적으로 술을 먹었다는 뜻의 '사(使)'자를 넣었던 자리에 술을 좋아했다는 의미의 '기(嗜)'자를 넣어 주었다.

인사문제도 등장한다. 인사문제의 주인공들은 신숙주의 아들들. 바로 예문관 직제학이 된 신정이 고속승진을 할 수 있었던 비결은 도승지로 있던 형 신면이 임금께 아뢰어 가능한 일이라는 구절이다. 도승지면 현 대통령비서실장이다. 민수는 도승지 형의 도움을 받았다는 구절을 아예 없애버린다.

김국광에 대해서는 절개도 없고 탐욕스럽다는 내용 대신에 오래도록 권좌에 있어 비방이 많았다고 고쳐 썼다.

하이라이트는 역시 한명회와 신숙주. 이시애의 난 때 이시애가 둘을 옭아매기 위해 '신숙주와 한명회가 강효문과 더불어 불궤를 함께 도모했다고 했다'고 썼다. 이는 이미 세조에 의해 허위였음이 명명백백하게 드러난 사실이지만 반역을 도모했다는 불궤(不軌)라는 단어를 쓴 것이 걱정거리였다. 거짓으로 드러난 일이었어도 불경스런 말을 앞에 붙인 것이 걱정될 정도로 신숙주와 한명회의 위상은 대단했다. 불궤대신 슬며시 위난(爲難)이란 말로 바꾸어버렸다.

같은 사건과 동일 인물을 평가할 때 몇몇 단어가 있는 것과 없는 것에 따라 그 의미는 확연하게 달라진다. 그 의미가 얼마나 위험했는지는 민수가 사관으로서 지켜야할 기개를 저버리고 문구를 고쳐야 할 만큼의 절박함으로 잘 표현된다.

이 엄청난 사초사건은 귀결 또한 기막히다. 민수에게 사초를 내준 강치성과, 민수처럼 사초를 고친 원숙강은 참형에 처해졌는데 민수는 살아났다. 민수가 받은 벌은 장 100대에 변방의 군졸로 보내진 것이다.

죄질로 보면 훨씬 무거운 민수가 살아난 데에는 늙은 부모가 살아있고 외아들이라는 입장이 반영되었기 때문이다. 겉으로 드러난 이런 이유보다 더 큰 이유는 민수가 서연관이었다는 점이다. 서연관은 세자를 가르치는 일을 맡은 관리다. 민수는 예종의 세자 시절 서연관이었다. 군사부일체(君師父一體)시대라 스승을 차마 죽일 수는 없었을 것이다. 권력의 핵심과는 이런 저런 이유로 가까워야 했다.

6장

예종이 남긴 숙제

: 예종의 독살설

가혹한 운명 앞에서 정희왕후는 자산군을 내세워 돌파구를 찾았다. 일부에서는 이런 돌파구가 예종이 죽자마자 일사천리로 이루어진 것에 의혹의 눈길을 보낸다. 예종은 독살됐고 심지어 그 배후에 정희왕후가 있다고 의심한다.

성종이 즉위한지 닷새도 되지 않은 성종 즉위년(1469) 12월 1일, 성종실록은 원상과 승지들이 대행왕의 병세를 제대로 아뢰지 않은 내의와 내시를 처벌할 것을 청하는 모습을 기록하고 있다.

원상과 승지들은 빈청에서 몇 가지 의문을 제기한다. 우선 예종의 옥체가 훙서 한 지 이틀밖에 되지 않았는데 염습할 때 변색되어 있었다는 점을 들었다. 이어 시신의 변색 정도를 보면 병환이 위독한 지 오래 되었을 텐데 외부에서는 알지 못했다는 점에 대해서도 의아해 한다. 마지막으로 이들은 예종의 병이 죽음에 이를 만큼 위독했는데 신하들은 물론이고 대비 전까지도 알리지 않았다는 것에 깊이 유감을 표하며 어의(御醫)들을 질책한다.

이 세 가지 이유 중 어느 하나 중요하지 않은 것이 없다. 그런데 정희왕후는 "죄 없는 사람을 벌할 수는 없다"는 말로 내의와 내시를 벌하라는 신하들의 말을 받아들이지 않는다. 정희왕후는 예종의 병에 대해 어느 정도 알고 있었는데 죽음에 이르기까지 할 줄은 예상하지 못했다고 털어놓는다. 아들의 죽음에 어머니는 담담하고 신하들이 오히려 의아스러워 하는 분위기다. 도대체 무슨 일이 있었던 것일까?

예종실록은 예종이 앓고 있던 족질에 대해 간간히 실어놓고 있다. 예종 1년 (1469) 1월 6일 예종의 족질은 이렇게 쓰여있다.

임금이 족질이 있은 지 오래 되어도 낫지 아니하여, 목멱산과 백악산(白岳山)·한강(漢江)·원각사(圓覺寺)·복세암(福世菴) 등에 기도(祈禱)하게 하였다. 도승지 권감(權瑊)은 또한 향(香)을 받아 가지고 내불당(內佛堂)으로 갔다.

신숙주와 한명회 등이 임금을 문안(問安)하고 말하기를, "지난번에 전지하시기를, '족질(足疾)로 인하여 인견(引見)하지 못한다'고 하시었는데, 지금 기도를 드리니, 놀라고 두려워 어찌할 바를 모르겠습니다" 하니, 임금이 말하기를,

"내가 어릴 적부터 발에 조금 헌데[痒處]가 있었는데, 추위가 심해지면서부터 아프기 시작하였으나, 지금은 좀 나았다" 하고, 곧 술을 먹이게 하였다.

이로부터 열 달 후인 1469년 11월 18일, 다시 족질로 정사를 보지 못했다는 기록이 등장한다. 예종이 앓은 족질이 재발했다는 얘기다. 더구나 족질의 고통을 술로 달랜 것을 엿보게 하는 기록에서 예종이 스스로 병을 키운 단면도 읽을 수 있다. 게다가 효자였던 예종은 아버지 세조의 죽음에 대한 슬픔과 충격이 컸다. 세자 시절부터 세조의 병이 깊어지면 수라상을 직접 보살피고 약을 먼저 맛보는 것은 물론 밤낮으로 곁에 있으면서 여러 달 동안 잠도 제대로 자지 못했던 아들이었다.

이렇게 효심이 깊었던 예종은 세조가 세상을 뜨자 물조차 마시지 않을 정도로 슬픔을 이기지 못했다. 어릴 때부터 족질을 앓고 있었던 예종에게 이 같은 행보는 치명적이었다.

조선왕조실록은 조선의 임금들이 부모의 상(喪)을 당해 슬퍼하다가 건강까지 잃는 모습을 종종 보여준다. 문종도, 인종도 그리고 예종도 억누를 수 없는 슬픔을 몸으로 그대로 표현했고 그 후유증은 예외 없이 임금의 단명을 초래했다. 왕들이 이처럼 무리하게 슬픔을 표하는 데에는 효를 강조한 조선의 유교에도 그 원인이 있다.

조선의 유교는 임금에게 까다로운 의식을 요구한다. 살아생전은 물론 죽은 후에도 그 의식과 절차는 쉽지 않다. 임금의 장례도 빠질 수 없는 의례이다. 임금의 장례는 당연히 국장으로 치러진다. 국장은 국장도감을 설치한 다음 5개월 동안이나 이어진다. 승하 직후부터 3년 상이 끝나 탈상하는 그날까지 까다로운 절차들이 왕위를 계승한 상주를 기다리고 있다.

건강의 바로미터인 식사도 까다로워진다. 임금이 승하한 후 3개월 동안은 동물의 도살이 금지되므로 고기는 먹을 수 없다. 곡을 할 때는 머리를 풀어헤치는 것은 물론 3일 동안은 금식도 해야 했다. 이런 기본 원칙을 지키는 것은 당연한 일이었지만 원칙 이상의 슬픔을 표하는 임금들이 많았다. 세종실록에 기록된 원경왕후의 승하 일인 1420년 7월 10일 장면이다.

… 낮 오시에 대비가 별전에서 훙(薨)하니, 춘추가 56세이요, 중궁(中宮)에 정위(正位)한 지 21년이다. 모든 범절을 한 결 같이 고례(古禮)에 좇아, 임금이 옷을 갈아입고, 머리 풀고, 발 벗고, 부르짖어 통곡하니, 상왕이 거적자리[苫次]에 나아가 미음[糜粥]을 전하니, 이때 임금이 음식을 진어하지 않은 지 이미 수일이라, 상왕이 눈물을 흘리며 울면서 권하였다.

세종의 통곡과 오열하는 정도가 너무 심했던 듯 태종이 눈물로 미음을 권할 정도였다. 예종 또한 세조의 승하 후 슬픔에 못 이겨 식음을 전폐했다. 건강을 상할 정도로 곡을 했다. 정희왕후가 예종의 병을 세조

승하 후 슬픔을 이기지 못해 얻은 질병이라고 한 데에는 그만한 이유가 있었다.

이러한 정황을 뒤로 하더라도 예종 독살의 배후에 정희왕후가 있다는 가설은 억측이다. 맏아들이 요절하고 그 해에 조카, 단종을 사사하는 남편을 지켜봐야 했던 왕후다. 남편과 사별한 지 1년여 만에 둘째 아들을 죽일 만큼 절박한 이유라면 권력의 맛에 깊이 취한 공신들과 친정을 중심으로 한 친인척들의 이해관계와 정희왕후의 입장이 맞아떨어져야 한다.

예종이 한명회를 비롯한 공신들과 외척들을 압박한 것은 사실이지만 의욕만 앞섰을 뿐 뚜렷한 성과를 보지는 못했다. 훈구대신들을 압박할 수 있는 모든 카드를 동원했지만 임금의 통치를 추진할 수 있는 지지기반이 없어 선언 이상의 효과는 보지 못하고 있었다. 물론 젊은 임금이 성장하면 할수록 공신들이나 척신들이 불리해질 수밖에 없었던 것은 사실이다. 그러나 신하들이 젊은 임금의 기세에 눌릴 만큼 약체는 아니었다. 임금은 오히려 당황하고 있었다. 실록의 기록을 보면 정희왕후는 아들의 죽음을 묵묵히 인정하고 있다. 이는 적어도 정희왕후는 예종의 병을 어느 정도 파악하고 있었고 최악의 경우를 이미 염두에 두었다는 것이다. 웬만한 병이었다면 유명한 산과 절을 찾아 기도까지 올리는 수고는 하지 않았을 것이다.

정희왕후는 예종의 병을 속으로 숨기고 싶었을 것이다. 큰아들은 요절했고 남편은 지독한 피부병으로 고생했다. 그런데 둘째 아들 예종마저 또 족질이라는 야릇한 병으로 고생하고 있다. 이런 사실을 어미로서 드러내고 싶었을까? 현덕왕후의 저주라는 소리가 다시 살아날 수 있다. 젊은 임금의 건강악화는 권력의 공백을 가져오는 위기는 물론 세조의 왕위 찬탈에 대한 저주라는 폭탄이 다시 터질 수도 있었다. 정희왕후의 입장에서는 임금이 병을 앓고 있다는 사실을 이리저리 알리고 싶지는 않았다. 숨기고 싶었을 것이다. 정희왕후는 비통함을 이렇게 표현했다.

> "아아, 하늘이 돌보아 주지 않고 우리 왕가(王家)에 재앙을 내리어 세조대왕(世祖大王)께서 향년(享年)이 장구하지 못하니, 사왕(嗣王)이 부왕(父王)의 승하(昇遐)를 슬퍼하다가 병을 얻어 갑자기 일어나지 못하게 되었다. 화환(禍患)이 서로 잇닫게 되니, 몹시 슬픈 형상을 이루 말하겠는가?"

이 날의 기록을 보면 정희왕후는 스스로 하늘이 왕가에 재앙을 내렸다고 시인하며 운명을 받아들이고 있다. 변명이나 그럴싸한 포장을 하는 대신 가장 아픈 상처를 먼저 드러내 버렸다. 남의 입방아 대신 스스로의 고백으로 화살을 비켜가는 모습이다.

: 꿈틀거리는 부정부패, 허계지 사건

허계지 사건은 방납에 대한 예종의 고민을 여실히 보여준다.

허계지는 본명이 모지리로 허안석의 비첩 소생이다. 허안석은 방납업자로 고관들과 결탁해 공물을 대납한 덕분에 엄청난 부를 축적했다. 방납업자 생활 몇 년 만에 으리으리한 집을 한 채 지을 정도였다. 그가 지은 집은 마룻대와 추녀 끝이 궁궐처럼 붉은빛으로 채색되는 등 신분에 맞지 않게 화려하여 물의를 빚기도 했다. 방납이 얼마나 큰 이익을 보장하는지 엿볼 수 있는 대목이다.

허안석은 그러나 이렇게 쌓은 부를 물려줄 정실 자식이 없었다. 이 틈을 노려 첩의 자식이었던 허계지가 국가에 소송을 내 허안석의 아들임을 인정받아 재산을 독점하게 된다. 소송을 통해 어마어마한 재산을 물려받게 된 허계지는 그 재산을 바탕으로 당대 주요 세력가들과 교류하며 재산을 더욱 불려나간다. 예나 지금이나 돈이 있는 곳에는 사람들이 몰려든다. 허계지 주변에도 실제들이 모여들었다.

돈의 힘을 확신한 허계지는 뇌물만 쓰면 쉽게 이길 수 있는 소송을 즐겼다. 뇌물에 비해 소송으로 손안에 쥘 수 있는 재산이 훨씬 컸으므로.

예종 대에 와서도 이런 식의 소송을 이어갔다. 그런데 노비관련 소송을 하다 달라진 분위기를 감지하게 됐다. 노비를 관리하고 소송을 담당하던 장례원의 태도가 자신에게 불리해 보이자 으레 그랬듯 담당 관리에게 뇌물을 꺼내 들었다. 장례원 노비를 담당하는 판결사에게 뇌물을 넣었는데 그만 대간의 관리에게 들켜버렸다.

장례원의 분위기는 조금 달라졌지만 권력 실세들과 연을 대고 있던 허계지는 유유자적하며 감옥의 관리들을 다시 뇌물로 유혹해 탈옥까지 감행한다. 형조에서 도피생활 동안의 집과 잠자리, 의복이 궁궐과 흡사했다는 비난이 나왔다. 도망은 갔지만 허계지는 그때까지도 자신의 잘못을 인식하지 못하고 있었던 것이다.

도피 생활 3개월 후 허계지는 자수한다. 허계지 부인이 나서 예종의 보모에게 청탁한 후의 일이다. 세조의 탈상이 끝나 책봉식이 거행되면 대대적인 사면이 내려질 것이라는 예상을 하고서야 자수를 한 것이다. 빠져나갈 구멍을 만들고 난 뒤에 자수를 하는 대담함을 보여줬다.

이런 정황을 접한 예종은 허계지의 주살을 명했으나 격론 끝에 사형을 당하지 않고 변방에 보내지는 것으로 결론이 난다. 죄에 비해 엄청나게 가벼운 벌이었다.

비리와의 전면전을 선포한 예종이 내린 벌이라고 보기 어렵다. 뇌물도 많이 뿌렸지만 첩의 아들이었던 허계지가 궁궐 같은 집을 짓고 살 수 있었던 것은 용인된 데는 권력의 중심부와 매우 친밀했기 때문이다. 허계지가 권력 실세들과 밀접할 수 있었던 배경에는 계유정난이 있다. 정난을 통해 권력을 잡았던 세조 시대 인물들이 필요로 했던 정치자금의 상당부분이 허계지 쪽에서 나왔던 것이다. 자금력을 바탕으로 허계지는 수빈(인수대비), 한명회 등과 밀접한 관계를 유지한다. 성종의 모후인 수빈은 병을 앓았을 때 피접을 허계지 집으로 갈 정도로 허계지와 친밀했다.

한명회는 아예 딸을 허계지의 수양녀가 되게 했다. 성종의 정비, 공혜왕후가 바로 허계지의 수양녀였던 것이다. 권력 실세, 한명회가 비첩 소생 공납업자에게 딸을 수양녀로 삼게 할 정도였으니 허계지가 가진 돈의 위력이 어느 정도인지는 굳이 표현할 필요가 없다.

예종 1년(1469) 9월 21일, 예종실록은 승정원에서 허계지의 아내를 심문하여 얻어낸 답을 전하며 허계지와 수빈과의 관계를 보여준다.

> "첩은 평소에 수빈궁(粹嬪宮)에 드나들었으므로, 드디어 봉보부인(奉保夫人)에게 인연을 대어 소혈(巢穴)이 있는 곳으로 가기를 청원하였을 뿐입니다. 첩의 지아비는 옥중에 있는데, 첩이 어떻게 함께 의논하였겠습니까?"

예종의 집권기간은 1년 4개월이 채 안 되는 짧은 기간이었다. 그런데도 남이옥사, 허계지 사건, 민수사옥 같은 굵직한 사건들이 예종실록을 장식하고 있다. 기득권 세력들과 대립했던 젊은 왕의 굴곡이 읽혀진다. 젊은 왕의 굴곡은 고스란히 정희왕후의 숙제로 남게 되었다.

3부

정희왕후,
조선을 품다

···

조선 100년을 앞두고 경국대전을 완성하는 등 조선의 체제를 완성한 성종.
성종의 정치에는 앞선 정희왕후의 발자취가 큰 힘이 됐다.
백성과 어려운 사람들의 입장에 서서 정치를 하고자 했던 정희왕후.
정희왕후의 정치는 정식으로 제왕수업을 받은 조선임금들과 비교해도
결코 뒤처지지 않는다.

7장

정희왕후 형型 수렴청정

: 수렴청정의 전개

조선의 첫 수렴청정(垂簾聽政)은 어떻게 진행됐을까?

사극에서 자주 볼 수 있는 발을 사이에 두고 왕과 대비가 앉아 있는 모습은 외양일 뿐 정책결정은 다양한 방법으로 이뤄진다. 성종실록은 정의황후의 수렴청정을 중앙과 지방에서 알도록 하는 일부터 서둘렀음을 보여준다.

즉위년(1469) 12월 9일, 임금 성종은 "내가 어린 나이로서 대업을 외람되이 계승했으나 다스릴 줄을 알지 못하겠다. 무릇 군국의 기무를 대왕대비의 재단을 우러러 받들어 그제야 시행할 것이니, 그것을 중앙과 지방에 알아듣도록 타일러라" 하고 명령을 내린다.

이어 성종 1년(1470) 3월 3일, 선정전에 나아가 정사를 보았다는 구절이 등장한다. 정책결정이 어떻게 이루어 졌는지는 이날 실록의 기록이 보여준다. 수렴청정의 의사결정구조를 엿볼 수 있게 한다.

'승지 등이 일을 아뢰면 임금이 친히 결단하거나, 혹은 여러 원 상에게 의논하거나, 혹은 명하여 대왕대비에게 아뢰게 하였다. 정사를 보는 것이 파하면 승지가 아뢴 일을 다시 대왕 대비에게 품하여 시행하고, 뒤에도 이와 같이 하였다.'

정희왕후의 수렴청정은 선정전이나 숭문당 등에 나아가 신하들과 의논을 한 뒤 담당관청이나 관리에게 뜻을 전달하는 전교(傳敎) 전지(傳旨), 승지를 통해 받은 품(稟)을 통해 다시 명령을 내리는 품의형식으로 나눠볼 수 있다. 전교와 전지는 직접 명(命)을 내리는 것을 의미하지만 전지의 경우 임금의 업무 중 좀 더 세세한 일에 관련된 것임을 뜻한다.

성종실록의 기록에는 사극에서 흔히 볼 수 있는 발을 늘이는 수렴(垂簾)의 모습은 찾을 수 없다. 두 번째로 수렴청정을 하는 문정왕후는 영의정 윤인경과 좌의정 유관 등으로부터 정희왕후가 수렴청정을 했을 때 수렴을 했다는 기록이 없음을 보고 받는다. 두 대신은 기록에 나타나지는 않지만 예로부터 있어온 일이니 설치하지 않을 수 없다고 고하여 수렴을 하게 한다. 정희왕후 때의 수렴청정은 수렴이 없는 그냥 청정(聽政)이었던 셈이다.

정희왕후의 청정이 수렴 없이 이뤄졌던 것은 여러 가지 추측을 낳는다. 첫 번째 시행이었기 때문에 제대로 자리를 잡지 못했을 수도 있고 그 때까지만 해도 수렴을 해야만 한다는 의식이 없었을 수도 있다. 문종의 세자 시절 빈이었던 여성들과 어우동 같은 인물 등 15세기 여성들이 보여준 거침없는 행동들을 보면 후자의 가능성이 높다.

정희왕후의 청정은 이후 수렴청정의 기준이 되었다. 1545년 명종이 임금에 오르면서 수렴청정을 하게 되는 문정왕후 통치 시절, 신하들은 큰일은 원상들과 의논할 것을 요청하면서 정희왕후의 예를 참조했다. 문정황후 역시 청정을 거둘 때 정희왕후의 예를 제시하며 신하들의 형식적인 만류를 물리쳤다.

정희왕후의 수렴청정은 성종 7년(1476) 1월 13일, '모든 정무를 임금이 맡도록 하겠다'는 의지(懿旨)를 의정부에 내리는 날까지로 이어진다. 이후에는 폐비 윤씨 문제 외에는 정치 문제에 크게 관여하지 않다가 성종 14년(1483) 4월 1일, 온양에서 승하한다. 우리나라 나이로 66살. 조선 최초의 수렴청정을 한 명실상부한 여성정치인의 삶이 이날 마감됐다.

정희왕후의 졸기를 기록한 실록은 '선인(宣仁)'이라는 최고의 찬사를 주었다. 선인은 송나라 영종의 비, 선인태후를 말하는 것으로 '여자 요순'이라고 칭송할 정도로 정치를 잘했던 인물이다. 민수사옥의 여파가 있어 사관들이 권력 실세들의 눈치를 보았겠지만 후한 점수에는 나름대로의 이유가 있다. 우선 대를 이을 임금을 정하지 못해 위기가 닥쳤을 때 대책을 마련해 주상을 옹립했다는 점이 높이 평가됐다. 기획된 각본으로 평가절하 되고 있는 부분, 즉 이날 성종이 부르기도 전에 미리 들어와 있었던 부분은 판단력이 앞서 있었던 것으로 실록에서는 강조된다.

사관들로부터 가장 높은 점수를 받은 대목은 정사를 결정하는데 있어 대신들의 말에 힘써 귀를 기울이는 한편 경연을 통해 현명한 선비들을 만났다는 부분이다. 경연은 신하들이 임금에게 유학의 경서를 강론하던 것을 말하는데, 유교의 이상 정치를 실현하고자 했던 조선으로서는 매우 중요한 장치였다. 특히 신하들의 입장에서는 경연을 통해 임금에게 자신들의 철학을 스며들게 할 수 있었다. 신하의 나라를 꿈꾸었던 유학자들에게는 더없이 소중했다. 그런 경연을 중시하고 임금의 학업을 적극적으로 지원한 것은 당시 사관들의 높은 점수를 받기 충분했다.

세조나 연산군처럼 왕권을 중시했던 임금들에게는 매우 귀찮고 골치만 아픈 제도가 경연이었다. 두 임금이 경연을 폐지한 것은 지극히 당연했다.

신하들은 임금 길들이기 용으로 경연을 생각할 수 있지만 왕에게도 경연은 주요한 수단이었다. 집현전을 통해 인재와 학문발전을 꾀했던 세종은 경연을 강화해 눈부신 업적을 거둘 수 있었다.

이 경연에 가장 성실하게 임한 임금이 성종이었다. 정희왕후는 손자를 훌륭한 임금으로 키우기 위해 경연을 중시했다. 성종실록은 교육방법에 대해 일일이 개선안을 제시하고 어린 성종이 과중한 학업으로 인해 건강을 상할지도 모른다는 조바심을 비치는 정희왕후의 모습을 기록해 놓고 있다.

정희왕후가 조바심을 한 데에는 세조의 영향도 있었다. 세조는 학문을 한답시고 달달 외우느라 몸까지 상하는 것보다는 책을 읽고 스스로의 말과 기개를 잘하게 하는 것이 좋다고 보았다. 달달 외운다는 것은 높은 점수를 딸 때의 기본이다. 달달 외우기만 한다면 신하들의 의도를 그대로 답습하는 꼴이다. 반면 세조의 의중처럼 스스로 말과 기개를 잘하게 하려면 판단력이 필요하다. 판단력이 있어야 경연을 담당하는 신하들의 의중을 읽을 수 있다. 학문이 조금 익숙해지면 신하들을 긴장시키고 임금 자신의 철학을 강조할 수 있어야 한다고 세조는 믿었다.

그런 세조를 옆에서 보았기에 정희왕후는 성종의 학문에 대한 과욕이 건강은 물론 판단력도 그르칠 수도 있다는 염려를 했을 것이다.

성종은 엄청난 공부벌레였다. 하루 세 차례의 경연을 빠지지 않고 참석했다. 심지어 세 번의 경연이 끝나고 밤에도 공부하는 야대까지 할 정도였으니 학문에 대한 성종의 열정은 엄청났다. 당연히 사관들이 높이 평가할 만하다. 당시 학업의 정도가 어느 정도였는지는 신숙주가 성종 즉위년(1469) 12월 9일 정희왕후에게 올린 강연 사목을 보면 알 수 있다.

1. 《논어(論語)》를 진강(進講)할 것.
1. 조강(朝講)에는 음(音)·석(釋)을 각각 3번씩 하고 난 후에 임금이 음(音)·석(釋)을 각기 1번씩 읽고, 주강(晝講)에는 임금이 아침에 배운 음(音)·석(釋)을 각기 1번씩 읽도록 할 것.
1. 조강(朝講)에는 당직(當直) 원상(院相) 2인, 경연 당상(經筵堂上) 1인, 낭청(郎廳) 2인, 승지(承旨) 1인, 대간(臺諫) 각 1인, 사관

(史官) 1인과, 주강(畫講)에는 승지 1인, 경연 낭청(經筵郞廳), 사관(史官) 1인이 궁중(宮中)에 입시(入侍)하여 상시로 음(音) 20번, 석(釋) 10번을 읽을 것.

이런 엄청난 양의 과제를 앞에 두고 어린 임금은 내로라하는 대신들 앞에서 가르치는 대로 따라 읽으며 진도를 나갔다. 정희왕후는 어린 성종이 신하들 앞에서 주눅 들거나 건강을 해칠까 노심초사하며 수업방식에 대해 기회 있을 때마다 건의를 한다.

성종 1년(1470) 1월 10일, 정희왕후는 원상과 도승지를 불러 성종이 주강에서 수업하는 방법에 대해 논의한다. 이 날의 모습을 성종실록은 상세하게 기록하고 있다

　　대왕 대비가 전교(傳敎)하기를,
　　"세조(世祖)께서 일찍이 대행왕(大行王)에게 이르기를, '글을 외우지 말라. 글을 외우면 기운이 다 없어진다'고 했으며, 또 매양 주상(主上)과 월산 대군(月山大君)을 볼 때마다 반드시 말씀하기를, '글 읽기를 일삼지 말아라. 글 읽는 것은 너희들이 서두를 것이 아니다'고 했다. 무릇 사람이 어릴 때에는 글 읽기를 좋아하지 않는 것이 대다수인데, 세조(世祖)의 명령도 또 이와 같은 까닭으로, 주상의 학문이 숙달(熟達)하지 못하였다. 지금 주강(畫講)에서 다만 전일에 수업(授業)한 음(音)만 한 번 읽고는 해석은 하

지 않으니, 나는 혹시 이해(理解)하지 못하는 곳이 있을까 염려
된다. 지금 이후부터 음과 해석을 각기 한 번씩 읽는 것이 어떻
겠는가?"

하니 원상(院相) 윤자운(尹子雲)과 도승지(都承旨) 이극증(李克
增)이 대답하기를,

"만약 전일에 두 번 수업(授業)한 것을 주해(註解)까지 해석하
게 된다면 성상(星上)의 옥체(玉體)가 피로하실까 염려되오니, 다
만 대문(大文)만 해석하는 것이 편리할 것입니다."

하니 전교(傳敎)하기를, "좋다" 하였다.

이 뿐만 아니다. 성종의 긴장을 늦추지 않기 위해 흰 병풍을 승정원에
내린 뒤 경연관으로 하여금 권면하고 경계가 될 만한 일을 가려 쓰게 했
다. 이를 어좌의 좌우에 두어 보게 했다. 책을 열지 않아도 눈만 뜨면 저
절로 볼 수 있는 자리에 알아야 하고 지켜야 할 것을 두면 눈길이 수시로
가게 된다. 도움이 되지 않을 수 없다. 정희왕후 식 교육법이다.

: 조정(朝廷)을 조정(調整)하는 정치

경연을 보는 정희왕후와 성종의 시각은 신하들과는 조금 달랐다.

세종이 집현전을 통해 자신의 뜻에 따라 국정을 이끌어갈 신하들을 양
성했듯이 경연을 통해 성장한 성종은 경연을 담당하는 홍문관을 통해

공신 중심의 훈구세력에 맞설 수 있는 신진세력을 양성한다.

정희왕후가 경연에 유난한 관심을 보인 것 또한 마찬가지였다. 정희왕후는 경연을 통해 성종이 성장할 수 있도록 하면서 스스로는 훈구세력인 원상들과 국정을 논했다. 권력의 안정을 도모하는 한편 새로운 세력을 키우는 양면전략을 구사한 것. 현재 세력과 손을 잡고 안정을 꾀하는 한편으로 미래 세력을 기르는 포석이었다. 스스로를 손자를 위한 교두보로 여겼던 정희왕후가 구사할 수 있는 가장 효과적인 방법이었다. 사관들도 공신들의 눈치를 본 듯 국정을 직접 경험하지 못한 대비가 원상제를 통해 신하들과 의논하며 정사를 이끈 점에 후한 점수를 준다. 신하 입장에서는 가장 높은 점수를 주고 싶은 대목일 것이다.

실록이 전하는 정희왕후는 상당히 합리적인 인물이다. 드러내놓고 자기만의 주장을 내세우기 보다는 신하들과 충분한 의논을 하고 결정하는 신중함을 보였다. 정사를 주도하는 대신 조정을 움직였다. 폐정으로 백성을 고통스럽게 한 사람은 파면하였고 간경도감은 세조의 뜻을 어기지 못하여 힘들어했지만 끝내 혁파했다고 높은 평가를 했다. 이는 사관들의 속내이기도 했다. 유교 국가건설을 당면과제로 여겼던 당시 유학자들은 불교를 백안시했다. 세조의 기세에 눌려 불경을 간행하는 간경도감을 용인했으나 세조가 없는 마당에 간경도감 혁파는 신하들의 당면과제였다. 감사나 수령으로 떠나는 관리들은 반드시 직접 만나 당부하였고 규칙을 만들어 지키도록 했다는 점도 들었다. 사치함을 경계하여 스스로 절약하고 검소하게 지낸 점도 높이 평가됐다.

하지만 사관들도 평가를 미룬 것이 있으니 예종의 초상을 3년이 아닌 기년(期年)으로 결단한 것이다. 이때 신하들이 납득하지 못한 예종의 초상은 이후에도 비슷한 문제가 생기면 논란을 야기 시켰다. 승하한 임금과 왕비의 장례를 어떻게 치를 것인가는 정권의 정통성과 신하들의 입장이 서로 맞물리며 치열한 논리 싸움으로 이어졌다. 그 정점이 예송논쟁(禮訟論爭)일 것이다. 예송논쟁은 현종 때 인조의 계비, 자의대비가 승하하자 임금이 상복을 얼마동안 입어야 하는지를 둘러싸고 남인과 서인이 두 차례에 걸쳐 대립했던 논쟁이다.

수렴청정을 하는 동안에는 임금도 수렴청정을 하는 대비의 신하가 된다. 성종 2년(1471) 1월 22일 예문관 부제학 김지경 등은 간경도감을 통해 중국에서 불경을 사오도록 한 일이 잘못되었다고 성종에게 상소를 올린다. 성종은 이미 같은 의견을 피력한 신하들에게 정희왕후의 뜻이므로 어쩔 수 없다고 한 뒤였다. 이 상소에는 이런 구절이 나온다.

"… 전하께서 대왕대비에 대하여서는 신자(臣子)의 책임이 있는 것입니다."

수렴청정은 곧 대비의 정치인 셈이다. 정치경력이 없는 것은 물론 문자해독도 되지 않은 정희왕후였지만 왕후에게는 세조와의 동반자 관계에서 얻은 내공이 있었다. 다른 임금들과는 달리 세조는 근빈 박씨 외에는 후비를 두지 않았다. 그만큼 정희왕후와의 사이가 남달랐다. 세조는 주요 행사에 정희왕후와 함께 참석하는 것을 즐겨했고 정희왕후 역시 세조의 정사에 자신의 의견을 피력하며 격려를 아끼지 않았다.

그런 돈독한 사이였기에 정희왕후의 수렴청정이 수월하게 자리를 잡을 수 있었다. 세조가 무엇을 고뇌했고 그 고뇌를 어떤 방법으로 해결해 갔는지를 곁눈이었지만 보아왔던 왕후였다. 원상들의 지지 하에 성종의 정치 안정을 꾀할 수 있었던 것은 정희왕후 역시 공신들과 오랫동안 소통해왔기에 가능했다.

8장

민생을 살피다

: 첫 정치행보, 호패법폐지

예종도 그랬고 철렴 이후 독자적으로 정치를 시작한 성종도 가장 먼저
서둔 것은 왕권강화였다. 반면 정희왕후가 정치현장에서 처음 꺼내든
카드는 민심이었다.

정상적인 승계든, 비정상적인 방법을 동원했든 권력을 잡은 다음에는
민심의 향배가 가장 큰 숙제다. 백성들의 입장에서는 피로 얼룩진 권력
싸움은 어차피 정치세력들 간의 리그였다. 대신 그들이 펼치는 정치가
중요했다. 정권을 잡은 이들이 백성의 편을 들어주고 고통을 덜어준다
면 정변에 대해 왈가불가할 필요도 없었다.

정희왕후는 그 점을 간과하지 않았다. 세조가 왕권을 강화하고 중앙집
권을 이뤄내기 위해 무리하게 추진한 제도 중에서 백성들의 원성을 사

고 있는 것부터 개편하기로 마음먹었다.

성종이 즉위하고 채 일주일도 되지 않은 1469년 12월 4일. 정희왕후는 원상들에게 호패법에 대해 묻는다. 호패법은 이미 예종 대에도 석성 현감 민효증이 불편함을 아뢰었던 제도이다. 당시 예종은 선왕의 법이고 행한지가 오래됐다는 이유를 들어 손을 대지 못했다. 외려 갑자기 불편하다고 하는 민효증을 국문하라는 지시를 내려버린다.

선왕의 행적을 뒤집는 것은 후대 왕에게는 그만큼 힘든 일이었다. 정통성을 부정한다는 오해를 받을 수 있었다. 정희왕후는 예종과는 다른 입장이었다. 몇몇에 대한 인사를 단행하고 장례식을 거행한 것을 빼면 이는 정희왕후의 첫 정치라고 할 수 있다. 호패법에 대한 전교에서 정희왕후의 정치를 읽어볼 수 있다.

"요사이 듣건대, 쌀값이 솟고 비싸서 면포(綿布) 1필의 값이 쌀 4, 5두(斗)라고 하고, 또 듣건대, 호패(號牌)와 군적(軍籍)의 법이 제정된 후로부터 백성이 점차 빈곤하다고 한다. 옛날에 내가 세조(世祖)의 거둥을 따라갈 때, 어떤 사람이 글을 올려 울면서 호소하는 것을 보았는데, 모두가 호패(號牌)와 군적(軍籍)의 불편(不便)함을 말하고 있었다. 백성들의 싫어하고 괴롭게 여김이 이 지경에 이르게 되었으니 무엇이 나라에 이익이 있겠는가? 일찍이 듣건대, 호패(號牌)의 법은 태종(太宗)께서 이를 시행하다가 얼마 안가서 폐지했다고 하며, 대행왕(大行王)도 일찍이 그 폐단을 알고서 이를 폐지하려고 했으나, 부왕(父王)의 법을 고치는 것을 어렵게 여겨 실행하지 못했을 뿐이다. 세조(世祖)께서 일찍이 대행왕(大行王)에게 이르기를, '내가 한 일은 창업(創業)과 다름이 없는 까닭으로 경장(更張)한 것이 많지마는, 너는 그 편부(便否)만 시험하여 혹은 따라 하고 혹은 개혁하여 세종(世宗)의 수성(守成)과 같이 하는 것이 좋겠다'고 하였다. 호패(號牌)와 군적(軍籍)의 두 가지 법을 내가 개혁하려고 하는데, 경(卿) 등의 생각에는 어떻겠는가?"

이날 전교에서 정희왕후는 호패법의 폐해와 폐지의 당위성을 설파한다. 정희왕후가 본 호패법의 가장 큰 문제는 백성이 점차 빈곤해지는 것이었다. 백성들이 싫어하고 괴롭게 여기는 것은 나라에 이익이 되지 않는다고 강조한다. 호패법을 폐지해야겠다는 정희왕후의 명에 따라 육조 판서 이상 되는 관료와 도총관등이 빈청에 모여 의논을 하게 된다. 대다수의 신하들은 법 제정 당시의 취지인 양민과 천인의 인구 수효는 알게 되었으므로 없애도 손해 볼 일은 없다며 정희왕후의 입장을 거들었다. 일부에서는 부작용만 있으니 혁파하는 것이 편리하다고 강력하게 폐지 입장에 힘을 실었다. 물론 반대도 있었다. 법을 제정한 지가 오래되지 않았다는 이유로 개혁을 주저하는 의견도 나왔다.

정희왕후는 이틀의 여유를 가지며 검토한 끝에 폐지를 명한다. 폐지를 명하는 전지에도 즉위하여 선왕의 법을 갑자기 혁파하는 것에 대한 부담은 표했지만 폐지 정당성에 대한 신념은 확고했다. "법이 그 적당함을 잃어서 폐단이 크니 폐지할 수밖에 없다"는 점을 강조한다. 호패를 둘러싼 전지에서 정희왕후는 자신만의 정치철학을 발휘한다.

호패는 고려시대 시작돼 조선시대를 통틀어 여러 차례 등장하는 뜨거운 감자다. 널리 알려져 있듯이 호패는 일종의 신분증 구실을 하는 작은 패다. 16세 이상의 남자에게 소지하도록 했으며 앞면에는 이름, 나이, 출생한 해의 간지(干支), 신분과 거주 등을 새기고, 뒷면에는 관아(官衙)의 낙인을 찍었다.

호패제의 가장 큰 목적은 군역과 요역을 담당할 인력을 파악하는 것이다. 이를 위해 호구수를 파악하고 직업이나 계급을 분명히 하여 신분을 증명하고자 했다.

호패제가 조선에 처음으로 도입된 것은 태종 13년인 1413년. 첫 번째 시행인 이때의 호패법은 2년 정도 유지되다 폐지된다. 그러다가 세조 5년인 1459년에 부활됐다. 위정자들의 특별한 목적과는 달리 삶이 고단한 백성들에게 호패제는 목을 죄는 것이나 마찬가지였다. 국가의 부역을 피하기 위해 일부러 양반집의 머슴으로 가는 양민이 생겨났다. 호패를 위조하고 교환하는 오늘과 같은 범죄 또한 기승을 부렸다. 세종실록은 호패를 받은 사람이 전체 인구의 1~2할 뿐이라는 기록을 남겨 백성들에게 호패가 기피대상이었음을 일러준다.

세조 때에도 다양한 방법을 동원해 백성들이 호패를 받도록 했으나 백성들에게는 여전히 핍박일 뿐이었다. 호패제 때문에 세조도 큰 위기를 겪어야 했다. 왕권강화를 위해 주력했던 세조는 도관찰출척사를 관찰사로, 병마절제사를 병마절도사로 이름을 바꾸고 지방출신들이 주로 진출하던 이런 자리를 중앙의 문신들로 대체했다. 이 과정에서 위기를 느끼고 난을 일으킨 자가 바로 이시애다. 길주 출신으로 판회령 부사였던 이시애는 중앙집권이 강화되면서 신분보장이 어렵게 되자 위기를 느꼈다. 때마침 호패법을 강화하여 지방민의 이주까지 금지해 북도사람들의 불만이 쌓이자 이를 이용해 난을 일으킨것이다.

중앙집권을 꾀하던 세조로서는 반드시 시행해야할 제도였지만 백성들은 피했으면 하는 법이 호패법이었다. 정희왕후는 국가보다는 백성들의 입장을 먼저 주목했다. 백성들의 마음을 사지 못하면 국가도 권력도 없다는 것을 용상에 있는 남편의 몸부림을 통해 익히 배워온 터였다.

정희왕후에 의해 이렇게 폐지된 호패법의 세 번째 시행은 광해군 때다. 광해군 2년(1610) 10월부터 광해군 4년(1612) 7월까지 이어졌다. 반정을 통해 집권한 인조는 병자호란을 겪으며 고심 끝에 호패제를 시행했지만 1년을 넘기지 못하고 폐지해야 했다. 마지막 시도는 숙종 1년(1675)에 이뤄졌다. 이 때 시행된 것이 조선후기까지 이어졌다. 호패법 폐지는 정치적인 선택이었겠지만 정희왕후에게 백성들에 대한 걱정은 타고난 것이기도 했다. 세조 2년(1456) 1월 2일 세조는 승정원에 이런 전교를 내린다.

"중궁(中宮)이 세화사민도(歲畵四民圖)를 전벽(殿壁)에 붙여 두려 하기에 내가 이를 말렸더니, 중궁이 말하기를, '먹는 것이 여기서 나오고 입는 것이 여기에서 나오니, 붙여 두고 보는 것도 또한 옳지 않겠습니까? 하여, 드디어 붙였는데, 내 생각에도 그렇다고 여겨진다."

세화란 새해를 축하하기 위해 궐내에서 그려서 나누어 주는 그림이다. 여기에 사민도가 붙은 것은 이 그림에 사농공상(士農工商)인 사민의 생활 모습을 그려서이다. 사농공상은 결국 백성이다. 백성들의 그림을 붙여놓고 한시도 백성들의 노고를 잊지 말라는 의미이다. 상당한 감각이다.

: 세조의 뜻이거늘

호패법 폐지라는 카드를 꺼내면서 정희왕후는 성종이 불편하지 않게 하는 일에 주력했다. 성종이 할아버지인 세조가 만든 법을 없애는 것에 대한 부담감을 덜기 위해 세조 역시 폐지하려 했다는 주장을 편다.

세조는 정희왕후가 특별한 결정을 내리고 난 뒤의 교서나 전교에 거의 빠지지 않고 등장한다. 자산군에게 왕위를 잇게 할 때도 세조가 자산군의 인품을 태조에 견주었다는 내용이 등장한다. 호패법 폐지처럼 신하들을 설득할 때는 '이 또한 세조의 뜻'임을 앞세워 신하들을 몰아세웠다. 단종의 조카, 정미수를 벼슬에 제수할 때도 세조가 등장한다.

정희왕후는 세조의 뜻을 유난히 많이 활용했다. 세조는 정희왕후와 공조를 펼치고 있는 훈구대신들과 운명을 같이했던 인물이다. 세조의 뜻이라면 적어도 공신들의 이해에 반하지는 않을 것이라는 메시지가 있음을 정희왕후는 알고 있었다. 세조는 동시에 손자인 성종의 정통성을 부여할 수 있는 인물이다. 왕위 순위에서는 미록 후순위였지만 성종 또한 세조의 적통이었다. 성종에게는 극복해야 할 대상이기도 했지만 정희왕후는 세조를 통해 성종의 왕권을 다지고 신하들의 동의를 얻고자 했다. 당시의 신하들에게 정희왕후의 세조카드는 그야말로 요긴했다.

: 문제는 경제다

세계사에 나타나는 대부분의 전쟁은 경제문제에서 비롯됐다. 한니발이 알프스 산맥을 넘으며 분투했던 포에니전쟁은 물론, 제1,2차 세계대전 등 전쟁의 명분은 늘 그럴듯하게 포장되지만 속내에는 물질적인 이익을 노리는 논리가 숨어있기 마련이다. 그래서 정치를 잘하려면 경제문제부터 해결해야 한다. 정희왕후는 길지 않은 통치기간 동안 이 문제에 깊이 고민했다. 할 수 있는 일부터 해나가고자 하는 조심스러운 접근이 성종실록 여기저기에서 눈에 띈다. 그 중 돋보이는 것 중의 하나가 양잠이다.

서울에 있는 잠실동이나 잠원동은 옛날 뽕나무를 심고 누에를 친 양잠정책을 펼친 덕택에 얻어진 이름이다. 명주실을 토해내는 누에는 뽕잎을 먹고 자란다. 비단을 만드는 명주실을 얻기 위해 반드시 심어야 하는 나무다. 어떤 지역이 몰라볼 정도로 바뀔 때 쓰는 뽕나무밭이 바다로 변한 것이라는 뜻의 상전벽해(桑田碧海)처럼 일상과 밀접하다. 뽕나무가 나무인데도 숲 대신에 밭이라는 말을 쓰는 것은 다른 나무들과 달리 경작을 통해 재배하기 때문이다. 뽕나무는 오늘날도 어느 것 하나 버릴 것 없이 쓰임새가 높다.

위정자들은 강변과 같이 버려지는 땅에 뽕나무를 심어 양잠을 장려했다. 양잠은 일종의 산업이었다. 양잠 장려는 조선 임금들의 주요 정책이기도 했다. 특히 세조는 동궁에 잠실을 두어 양잠의 중요성을 일깨우게했다. 서연관이 회강할 때 장소가 협소하니 옮겨달라고 부탁해도 그 말을 거절할 정도로 양잠을 주요시했다. 거절 이유의 핵심은 '잠상은 중요해서 중궁과 세자빈이 가까이에서 볼 수 있도록 해야 하기 때문'이었다.

잠실이 특별한 마을 이름까지 얻을 수 있었던 것은 이곳에 일종의 국립양잠소격인 잠실도회를 설치한 것과 관련된다. 경국대전 호전에 기록된 조선의 양잠정책은 그 중요함을 잘 보여준다.

여러 도에서 뽕나무가 잘 되는 곳에 도회잠실을 설치하고 관련 문서를 만든다. 만들어진 문서는 중앙정부인 예조와, 관찰사가 파견되는 도 단위는 물론, 양잠을 직접 담당하는 해당 자치단체까지 보관해야한다. 문서를 만들고 보관하는 것은 양잠의 추이를 살피고 지속적으로 관리하여 국가 기반사업으로 자리 잡게 한다는 의도가 깔려있다. 상납은 누에를 길러 고치를 거둔 뒤 이뤄졌다. 관찰사에게도 업무가 부여된다. 잠실이 있는 지역 및 부근 여러 읍에서 잠실에서 일할 사람들을 정한다. 관직에 있는 사람 중에서 잠양관도 뽑아 고을 수령이 그 치적을 보고하도록 했다.

조선 양잠의 시작은 태종이 경기도 가평과 양근(양평)에 잠실을 설치한 이후다. 처음 두 곳에 불과했던 잠실은 1년 후 개성, 가평, 청풍, 태인, 수안, 의성, 홍천 등으로 확대된다. 서울일대의 잠실은 왕실이 직접 운영했다. 서울 안에 잠실과 연관된 지명이 있는 것도 이런 이유이다.

태종에 이어 세종도 양잠에 관심을 기울여 도 단위로 잠실 하나씩을 설치했었다. 이 잠실을 고을에 있는 관리들의 노비들이 나서서 도와주게 했다. 이를 세조가 잠실을 고을마다 설치해 일종의 마을 산업으로 융성하고자 했으니, 세조의 뜻을 이어받은 정희왕후가 양잠에 관심을 기울인 것은 당연지사다.

왕실이 나서서 적극적으로 밀었지만 잠실은 운영하면서 여러 가지 문제점에 부딪혀 난관에 봉착되기도 한다. 정희왕후 역시 양잠을 통해 백성들의 삶을 돌보려 했지만 그 폐단 또한 만만치 않아 부침을 겪는다.

약삭빠른 고을 수령들은 양잠에 대한 법을 세운 본뜻을 새기지 않고 이졸들로 하여금 사사로이 뽕을 모두 취하게 하여 백성들이 개별적으로 양잠을 할 수 없게 했다. 이졸들의 행패 또한 심했다. 공억(供億, 수요에 맞추어 공급함, 또는 물품)이 조금만 늦으면 뽕나무를 다 베어버리는 등 행패가 만만치 않았다. 더 고약한 이들은 아예 있지도 않은 죄를 꾸며 관가에 고소하여 매를 때리기까지 하는 등 악행을 일삼았다. 게다가 누에 농사가 잘되지 못하면 집집마다 얼마씩의 돈을 걷은 뒤 실을 사서 상납하게 했다. 훌륭하게 입안된 정책이었지만 백성들의 입장에서는 이익은 없고 폐해만 늘어났다. 이를 안 정희왕후는 다시 세종 때의 예에 따라 도 마다 한 군데씩 도회를 두어 시험 하라고 시정 명령을 내린다. 뽕나무를 심기 적당한 곳에 도회를 두게 했다.

도회 부근의 여러 고을에서 누에를 기를 수 있는 잠모와 일을 도와줄 사람을 약정해 잘못된 일을 고쳐나가도록 관찰사들에게 지시했다. 지시 사항의 첫 번째는 종자 관리였다. 누에의 좋고 나쁜 것 또한 종자에 있는 것이라고 판단하고 좋은 종자를 예축(五畜)해 두었다가 때를 맞춰서 잘 기르도록 했다. 관찰사들이 친히 감독하고 수량에 따라 상벌을 행하겠다고 일침을 놓는다. 하지만 이토록 애썼던 양잠 역시 폐해가 생긴다. 관리들의 간사한 짓거리로 양잠에 소용되는 도구들을 거두어 모을 때마다 백성들이 힘겨워 했다. 무엇보다 추위를 싫어하는 누에의 성격상 잠실을 모두 온돌로 만들고 불을 피워야 해 숯이 많이 필요하게 됐다. 한창 농사지을 때에 백성들을 불러 잠실을 수리하게 해야 하는 것 또한 폐단이 됐다.

호조는 이런 폐단에 대한 대책도 내놓는다. 관찰사로 하여금 먼저 양잠할 잠종의 많고 적음을 살펴서 쓰는 집기를 미리 예측해 정하게 했다. 그 다음 해마다 얻는 명주실의 질을 구분하고 많고 적음을 계산하여 수량을 조사하는 등 체계를 갖추도록 했다. 당시 잠실은 모두 150간이 있었다. 그런데 이들 모두를 짚으로 덮어 해마다 수리해야 하는 등 번거로웠다. 이런 번거로움은 당연히 백성들에게는 괴로움으로 이어졌다. 이런 폐단에 대해서는 고을 별관이나 빈 관아가 있으면 구들을 놓아서 옮겨 기르게 하여 폐단을 덜게 하도록 했다. 매우 합리적인 권유였다.

양잠은 이후 퇴계 이황이 어머니를 소개할 때 '아버지가 돌아가신 후 어머니가 8명의 아이를 키우기 위해 손수 양잠과 길쌈을 하며 생계를 꾸려나갔다'고 한 것처럼 백성들의 생계 수단으로 자리 잡는다.

정희왕후의 노력을 발판으로 성종 8년(1477) 3월 14일, 왕비가 직접 내외명부를 거느리고 친잠례를 거행한다. 친잠례는 여성의 참여를 극히 제한했던 조선시대에 여성이 주인공이 되어 치렀던 국가적인 의례인 만큼 매우 중요한 행사였다. 이 날 의례를 주관한 중전은 바로 훗날 사사되어 폐비 윤씨로 기억되는 성종의 계비이다. 이후에도 친잠례는 여러 차례 거행돼 기록에 남아있는 것만 8차례에 달한다. 왕비였던 폐비 윤씨가 주인공이 된 이 날의 기록에도 양잠의 수고로움과 기대감이 묘하게 교차한다.

… 그러나 추울 때 갈고 더울 때는 김매는 것은 농사일의 심한 괴로움이고 가시를 뚫고 들어가서 뽕을 따는 것은 누에치는 수고로움이 더욱 심하다. 이러므로 근본에 힘쓰는 자는 적고 손을 놀리는 자가 많다. 이래서 백성들은 헐벗고 굶주리며 나라에서는 손실이 있었다. 역대(歷代)의 임금들이 농상(農桑)이 급함을 알고 백성의 일에 힘써서 효험이 나타나도록 기대하지 아니함이 아니지만, 그러나 백성에게 농사일을 권장하는 것은 겨우 문서만 갖

추었을 뿐 실상은 행하지 않았다. … 누에를 번성하게 길러서 점차 옷과 솜이 넉넉하게 되고 항산(恒産)이 풍족하게 되면, 예악(禮樂)을 일으킬 수 있어 백성(百姓)이 인(仁)하고 수(壽)하는 지경에 오를 것이고 국가(國家)는 지치(至治)의 높은 수준에 이를 것이다. 그러니 조정이나 민간에 효유(曉諭)하여 모두 들어서 알게 하라."

농가의 소득을 올리게 하려는 고육책이었던 양잠. 이 양잠을 위해 끊임없는 진단과 그에 대한 대책을 마련하는 정희왕후의 끈기와 추진력은 오늘날에도 필요한 대목이다.

백성의 고단한 삶을 보듬으며 스스로를 돌아봤던 정희왕후의 민정 살피기는 실록 곳곳에서 찾을 수 있다. 성종이 보위를 잇고 정희왕후의 수렴청정이 본격화 된 성종 1년(1470) 봄은 가뭄이 심각했다. 성종 실록은 가뭄 때문에 고민하는 정희왕후의 모습을 여러 차례 등장시킨다.

정희왕후가 1470년 4월 승지 이극증, 이숭원과 더불어 논의하는 기사에는 가뭄을 일종의 벌로 생각하며 근신하려는 모습을 기록해 놓고 있다. 정사를 보면서 잘못된 부분이나 형벌과 송사가 부당해서 일어난 일이 아닌지를 걱정하는 모습이 담겨있다. 나아가 정희왕후는 법과 질서에도 관심을 표명한다. 사형을 당하는 백성이 많은 것에는 동정을 표하지만 도적을 없애는 방법에는 강한 대책을 주문한다. 철저하게 백성들의 눈높이에 맞추고 있다.

9장

과거를 반성하다

: 정미수를 등용하다

역적으로 분류되어 있는 인물에게 관직을 제수하는 것은 쉽지 않은 일
이다. 최고통치권자의 명령이 떨어져도 신하들 입장에서는 쉽게 받아들
일 수 없는 경우도 많았다. 때로는 집권자의 속내를 알 수 없기에 말을
아껴야 할 때도 있다. 정치적으로 대립관계에 있는 사람을 발탁하기는
예나 지금이나 어려운 일이다. 정희왕후가 단종의 조카, 정미수를 관직
에 등용시키자 조정은 들끓는다. 파직을 요청하는 상소가 올라오는 것
은 기본이고 여기저기서 그 부당함에 대해 설파한다. 이에 대한 정희왕
후의 대처에 사관은 이런 논평을 붙인다. 성종 4년(1473) 4월 11일의 기
록이다

"정종은 세조 조(世祖朝)에 죄로 사형을 당하였으니, 사군(嗣君)은 그 아들을 결단코 쓸 수 없는 것이다. 대간(臺諫)과 충훈부(忠勳府)에서 법에 의거하여 간하였으나 받아들여지지 아니한 것은 무엇 때문인가? 대저 세조가 문종(文宗)의 아들 없음을 민망스럽게 여기고, 공주가 한 어린 아들이 있는데 겨우 강보(襁褓)를 면한 것을 보고 가엾이 여겨서 이 유교가 있었던 것이다. 그러나 지난번 정희왕후(貞熹王后)의 거룩한 덕으로 유교를 받들어 내전(內殿)에서 힘써 주장하지 아니하였다면, 임금이 홀로 여러 사람의 논의를 물리치고 서용하기가 또한 어려웠을 것이다. 아아! 거룩하도다."

사관은 이처럼 정희왕후를 극찬했다. 임금의 입장에서 선대에 사형을 당한 역적의 아들은 쓸 수 없었으나 정희왕후가 이를 가능하도록 만들었다는 것이다. 성종이 신하들의 반대를 무릅쓰고 정미수를 중용할 수 있었던 힘은 배후의 정희왕후였다. 사관들이 파직을 종용했던 정미수는 정종의 아들로 문종의 외손자다. 문종의 딸, 경혜공주의 아들이다.

정미수의 탄핵은 단종도 단종이지만 아버지 정종의 역모죄가 더 큰 부분을 차지한다. 정종은 세조 7년(1461), 승려 성탄 등과 세조를 몰아낼 거사를 계획했다 적발돼 능지처참을 당한 인물이다.

아비가 큰 죄를 지었는데 그 아들을 조정에 둘 수 없다는 조정의 반대가 이어졌지만 정희왕후는 이를 단호하게 막는다. 정희왕후가 내세운

변은 역시 세조의 유고였다. 정종은 역모를 계획하며 세조한테 칼끝을 겨누었지만 세조는 "정종의 아들을 서용하도록 하라"고 지시했다는 말로 정미수를 지켜냈다. 신하들에게 이만큼 통하는 논리는 없다.

신하들도 쉽게 물러나지는 않았다. 대사헌 서거정은 태종 때 반란을 일으켰던 회안군의 아들을 세종이 끝내 등용하지 않은 사실을 지적하며 단지 공주의 아들이라는 이유로 벼슬을 줄 수 없다고 맞선다.

이에 대해 성종은 대비가 세조의 유교를 친히 듣고 행한 일이라 어쩔 수 없다고 방어한다. 김질과 같은 이는 좀 더 낮은 직급으로 벼슬을 주면 어떻겠냐는 중재안을 내놓지만 다수의 신하들은 명을 거두어달라고 간청한다. 급기야 정희왕후가 의지(懿旨)를 내린다.

… 정미수(鄭眉壽)의 일은 대간(臺諫)과 정승들이 모두 서용(敍用)할 수 없다고 하나, 세조께서 예종에게 친히 하교하기를, '공주의 아들을 내가 즉시 등용하고자 하나, 다만 나이가 어리기 때문에 하지 못한다. 뒤에 간하는 자가 있을지라도 너는 듣지 말고 반드시 서용하여 내 뜻에 부응하도록 하라'고 하며 두 번 세 번 거듭 부탁하고, 예종으로 하여금 친히 그 하교를 쓰게 하였는데, 공주가 이때 곁에 있으면서 친히 들었다. 유교(遺教)가 이와 같기 때문에 내가 주상에게 고하여 등용하게 한 것이다. 대간에서 또 회안군(懷安君)의 일에 의거하여 논청(論請)하였는데, 회안군(懷安君)의 일은 태종께서 유교가 없어서 세종께서 서용하지 아니

한 것이 아니겠는가? 그러나 확실하게 알지는 못한다. 이제 정미수의 일은, 비호(庇護)하는 것이 아니라 세조의 유교를 삼가 따른 것뿐이다. 어떻게 처리하겠는가?"

: 먼저 손을 내밀다

정희왕후의 이 같은 행보는 성종1년(1470) 3월 19일 기록에 나타나듯 정몽주와 길재의 자손들도 채용할 수 있도록 하는 등 폭 넓게 진행된다.

조선의 개국에 반기를 들었던 두 성리학자에 대한 복원은 이미 태종 때부터 시작됐다. 비록 정치적인 선택이 달라 그들을 죽였을지언정 태종에게 정몽주의 충절은 국가의 기반을 다지는데 절대적으로 필요한 것이었다. 정희왕후 역시 이 뜻을 알기에 포은과 야은의 자손들을 채용했다.

이어 성종 3년(1472) 5월 23일 정희왕후는 노산군(단종)의 처 송씨(정순왕후)에게 의식을 공급하라고 전지한다. 이런 행보는 자칫 남편의 죄를 스스로 인정하는 것처럼 비쳐질 수 있어 조심스러웠다. 그럼에도 이처럼 서둘렀던 것은 하루라도 빨리 처리하지 않으면 손자에게 짐이 된다는 것을 알았기 때문이다. 또 하나 속죄하는 길이기도 했다. 같은 해 12월에는 문종의 딸인 경혜공주에게 채단과 능초를 주었다는 기록이 등장한다. 문종과 단종의 가족들을 살뜰하게 보살피고자 했던 노력을 엿보게 한다.

정희왕후가 수렴청정을 거두고 손자인 성종이 친정을 하게 되면 할아버지 때 일어난 일을 나서서 해결하기는 어렵다. 가능한 빨리 해결하지 않으면 민심에 의해 발목이 잡힐 수도 있는 일이 이런 일들이었다. 정희왕후는 "고신(告身)을 거둔 사람과 난신(亂臣)에 연좌된 사람으로 정상이 가벼운 자를 기록하여 아뢰라"고 이른다. 과거의 짐은 자신이 처리해야 함을 잘 알고 있었다.

단종의 가족들을 보살피는 일은 세조 또한 챙겼던 일이기도 하다. 세조 7년(1461) 12월 14일 기록을 보면 정희왕후가 "영양위공주(경혜공주)를 박대하여 버리는 것은 불가하다"고 건의하자 "바로 나의 마음이다"라고 세조가 답하는 구절이 나온다. 계룡산 동학사에 있는 숙모전에도 용서를 비는 세조의 뜻이 담겨있다. 숙모전은 생육신의 한 사람인 김시습이 사육신을 위해 단을 만들고 제사한 곳이다. 김시습은 사육신이 참수를 당한 뒤 시신을 거두어 노량진 언덕에 매장하고 계룡산으로 들어온다. 그 2년 뒤 세조가 동학사에 들렀다가 이러한 내막을 듣고 자신 때문에 억울하게 죽은 280명을 위해 초혼각을 짓고 초혼제를 지냈다고 전해진다.

사림이 등장하고 조선이 성리학을 기반으로 한 사회로 자리 잡아 가면서 사육신처럼 세조에 저항했던 인물들에 대해 존경하는 분위기가 점점 커진다. 역사적인 신원에는 오랜 시간이 걸렸지만 민심은 이미 그 이전에 권력의 승자가 아닌 충성스런 신하들의 편에 서있었다. 단종의 비, 정순왕후에 대한 백성의 동정 역시 오래전부터 시작되었다. 어린 나이에 단종과 생이별을 해야 했던 정순왕후는 정업원에서 거주하며 매일 아침과 저녁, 동망봉에 올라 단종이 유배됐던 영월을 향해 단종을 향한 그리움을 삭이며 목 놓아 통곡했다. 정순왕후의 곡소리가 동네에 울려 퍼지면 마을의 여인네들이 함께 울며 슬픔을 나눴다고 한다. 정순왕후와 마을 여인들이 함께 한 통곡을 동정곡(同情哭)이라 했다하니 민심은 오래도록 단종 편이었다.

그런 민심을 모를 리 없는 정희왕후는 소극적이지만 실마리를 풀 수 있는 일을 시작했다. 세조의 신하들과 의논하면서 이끌어가는 정국 속에서도 속죄하는 자세로 내린 정희왕후의 이런 결단은 높이 평가하지 않을 수 없다.

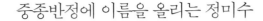

중종반정에 이름을 올리는 정미수

역적의 아들이라는 멍에를 지고 살았던 정미수. 그는 1506년 9월 2일 박원종, 성희안이 주축이 되어 일으킨 중종반정에 이름을 올린다. 당시 벼슬은 찬성.

정미수의 이름은 반정의 모의자가 아닌 추종자의 이름에 등장한다. 반정군이 창덕궁으로 가다가 하마비동 어귀에 진을 쳤는데 이때 소문을 듣고 달려온 관리들 명단에 정미수의 이름이 나온다. 연산군은 정미수를 선왕 성종이 그러했듯이 너그럽게 대했다. 그의 벼슬 등용에 대한 신하들의 이의제기는 연산군 대에도 이어졌으나 연산군은 받아들이지 않았다.

연산군의 비호를 받고 있었지만 연산군을 폐하자는 반정이 일어나자 정미수는 그 대열에 가담한다. 지나간 세월, 자신을 눌렀던 역적의 굴레가 본능적으로 힘의 방향을 읽게 했을 것이다.

중종 7년(1512) 4월 16일, 정미수의 졸기를 전하는 실록은 '음관(蔭官)으로 출신하여 관리의 일을 잘 익혀서 자못 국량(局量)이 있었다'고 쓰고 있다. 능력이 있었다는 의미이다.

드라마틱한 삶 때문이었을까? 정미수는 비슷한 처지의 왕실 친척들로부터 큰 도움을 받는다.

정미수는 슬하에 자식이 없었다. 이런 정미수는 같은 입장인 외숙모 정순왕후(단종비)의 시양자(侍養子)가 되어 서로를 위로했다. 그런데 오히려 정미수가 정순왕후보다 먼저 세상을 뜨게 된다. 정순왕후는 세상을 뜨기 전에 자신의 노비와 재산을 정미수의 양자인 정승휴에게 물려줘 정미수의 가문에 힘을 실어준다. 이보다 앞서 정미수의 고모도 재산을 상속해주었다. 정종의 누이인 정미수의 고모 춘성부부인 정씨는 세종대왕의 여덟 번째 아들 영웅대군의 부인이었다.

단종실록에 따르면 영웅대군의 첫부인 송씨가 병이 있자 세종이 송씨를 폐하고 참판 정충경의 딸인 춘성부부인에게 장가를 들였다. 그러나 영웅대군과 송씨의 사이는 각별한 듯 영웅대군은 실록 그대로의 표현을 인용하면 잠통(潛通)하여 두 딸을 낳았다. 결국 세종은 춘성부부인을 폐출하고 송씨를 다시 영웅대군의 부인으로 봉한다.

졸지에 폐출된 춘성부부인은 그런 환경에 굴하지 않고 스스로 이혼했다는 뜻의 기별부인 정씨라고 쓰며 재산을 정미수에게 물려주고 떠난다.

두 여성의 재산 상속으로 정미수와 그의 시양자 정승휴는 정종의 단종 복위 가담으로 풍비박산(風飛雹散) 될 뻔한 집안을 재건하는데 기여한다.

10장

배고픔과 배아픔의 경계

: 지방 관리에 대한 관심

성종 1년(1470) 1월 20일 지방 관리로 부임하기 위해 하직인사차 찾아 온 박수미, 허준과 김사성에게 정희왕후가 이른 말 중의 일부이다.

> "옛사람이 말하기를, '나무를 새겨서 이속(吏屬)이라 하여도 기 필코 대면(對面)하려 하지 않는다'하였으니, 이는 이속을 미워함 이 심한 것이다. 인리(人吏)가 차임(差任)을 받고 민간(民間)에 드 나들게 된다면 그 침해가 많아서 백성이 능히 감내하지 못할 것 이니, 수령(守令)이 백성에게 명령할 일이 있으면 마땅히 그 면 (面)의 감고(監考)나 권농(勸農)이나 이정(里正) 등에게 시키고, 이속을 보낼 필요는 없다."

수렴청정을 하는 동안 정희왕후는 이처럼 지방의 하급관리에 주목했다. 그 기저에는 이속, 즉 관아에서 일하는 하급관리들이 백성들과 가장 가까운 거리에서 일을 하고 있고 이들을 지방관들이 감독하기 때문이다. 관리로 임명받은 사람들이 중앙으로부터 멀어지면 해이해지기 쉽다. 지방으로 파견되는 관리들을 궁궐로 불러 직접 인견하고 구체적인 명을 내린 것은 그런 염려에서 나왔다.

고려와 달리 조선은 중앙집권을 강화했다. 향리들이 관리했던 고을을 조선시대 들어 중앙에서 파견하기 시작했다. 성종 때에 이르러서는 이런 제도가 자리를 잡아간다. 중앙이 기획한 정책을 지방에서 집행하게 되는 것은 그 때나 지금이나 비슷하다. 지방 관리들이 어떻게 고을을 관리하느냐에 따라 민심도 따라 갔다. 이런 부분을 읽고 있던 정희왕후는 지방 관리들에게 현지의 문제점을 제시하고 어떻게 하라는 것까지 세세하게 일러준다.

같은 날의 하교 내용이다.

… 근일에 진언(陳言)하는 사람이 폐단되는 일을 논한 것이 매우 많으나, 지금은 다만 그 중에 심한 것만 들어 말한다. 공물(貢物)의 장피(獐皮)를 민간(民間)에게 내도록 요구하는 일과 관가(官家)에서 양잠(養蠶)하면서 뽕잎을 딸 때 민전(民田)을 밟아 손상시키는 일, 각년(各年)의 견감(蠲減) 된 포부(逋負)를 독촉 징수하면서 백성을 침해하는 일, 칠목(漆木)을 관(官)에서 배양(培養)하지

않고서 민호(民戶)에게 바치기를 요구하는 일, 학교(學校) 관리를 수령(守令)과 교관(教官)이 소홀히 하고 마음을 쓰지 않아 학도(學徒)로 하여금 학업(學業)을 폐기(廢棄)하도록 한 일, 선상노(選上奴)를 뽑아 정할 때에는 수령(守令)이 아전의 손에 전적으로 맡기는 일 등은 마땅히 스스로 살펴 생각하여 조정에서 위임한 뜻을 저버림이 없도록 하라. 승지(承旨)는 이 여섯 가지 일과 무릇 폐단이 있는 일을 가지고 사목(事目)을 만들어 주도록 하라."

정희왕후는 이렇게 지적하면서 이를 바탕으로 도승지에게 오늘날 시행령과 같은 사목을 만들라고 지시한다. 사목에는 사냥을 통해 잡은 노루와 사슴이 많아서 공물을 충당할 수 있을 테니 민간에게 요구하지 말라는 등의 구체적인 지시가 있다. 또 뽕나무를 배양하지 않고 있다가 양잠 때 군사를 뽑아 뽕잎을 따게 하거나 민가에게 바치도록 종용하는 일도 금지시킨다. 수령들이 제때 제 할 일을 하지 않고 그 책임을 양민들에게 떠넘기는 행위를 경계하고 있는 것이다. 이러한 경계는 당시 중앙의 명령이 지방에서 어떻게 적용됐는지 엿볼 수 있는 대목이기도 하다.

지방의 폐단은 늘 걱정거리였다. 지방에서 뽑아 중앙으로 보내던 노비, 선상노를 뽑을 때나 공전을 징수할 때, 수령이 친히 하지 않고 집행하는 이속에게 맡기는 경우가 많아 이속의 전횡이 심했다. 이속에게 뇌물을 바치지 못하면 선상노의 대상이 되니 울며 겨자 먹기로 뇌물을 건네는 등 그 폐단이 셀 수 없을 정도였다. 수령이 임지에서 열심히 공부하도록 장려해야 할 향교의 유생들을 꼬드겨 같이 놀아나는 등 지방의 기강은 상당히 해이했다.

조선이 개국하고 100년도 되지 않은 때임에도 지방은 이처럼 기강이 해이해져있다. 태종의 서슬 퍼런 정치와 세종의 애민정치를 거친 성종시대. 더욱이 조선역사를 통틀어 최고의 태평성대를 누렸다는 이 시대에 대비가 지방 관리들의 비리를 단속하고자 고삐를 당긴 것은 여러 가지를 시사한다.

관리들의 비리야 어느 시대를 막론하고 생겼지만 이 시대의 문제는 상당부분 정희왕후의 정치적인 동지인 공신들에게 있었다. 공신들의 힘이 커지면서 그들에게 줄을 대야 출세가 보장됐다. 지방 관리들은 그들의 마음을 사기 위해 분주했다. 마음을 사는 데는 예나 지금이나 금전적인 이익이 바탕이 된다. 지방 관리들은 백성을 착취해서 생긴 여력으로 그 작업을 했다.

다 같이 배고프고 힘들 때는 그 고비를 넘기고자 힘을 합하고 격려하면서 어려움을 극복해 나갈 수 있다. 비록 배는 고파도 갈등도 적고 화합도 잘된다. 권력을 쥔 사람에게 아부해야 돈을 벌고 그런 아부로 부를 축적해가는 부조리가 생기면 사회 구성원들은 갈등하게 된다. 부자의 길이 부정한 방법으로 이뤄진다면 그런 부자가 존경받을 수 없다. 배고픈 것은 참을 수 있어도 배 아픈 것은 참기 힘들다.

성종대의 공신들. 여러 차례의 공신 책봉으로 경제적인 부와 사회적인 지위를 누린 이들은 주어진 것만으로도 대대손손 잘 먹고 잘 살 수 있었으나 더욱 부자이고 싶어 안달했다. 하급관리나 지방관들은 이들에게 줄을 대어 벼슬을 사거나 좋은 보직으로 이동한다. 공신들에게 들어간 뇌물 대부분은 백성들의 고혈이었다. 이속들은 이속들대로, 고을 수령은 수령대로 이속 챙기기에 바빴다. 누구보다 이들의 행태를 잘 알았을 공신들. 그들은 비리에는 눈감고 이득은 챙겼다. 분경금지를 없애기 위해 앞장선 것도 그들이다.

일일이 친견을 하고 사목을 적어주며 관리들을 파견했지만 중앙의 공신들을 경계하지 않은 채 진행되었기에 '눈 가리고 아웅'한 꼴이 되었다.

세조, 예종을 거쳐 성종에 이르기까지 정권안정을 위해 공신들과 손을 잡고 그들의 비리를 눈감아준 것은 결과적으로는 조선 왕들의 레임덕을 가져온다. 비대해진 신하들의 힘은 임금도 조정하기 힘들 정도로 버거웠다.

정희왕후는 스스로가 검소하고 겸손하며 덕을 쌓으면 자연히 신하들도 따라오리라고 믿었을 것이다. 그러나 그런 실천과 노력은 빗장 풀린 신하들에게는 그저 덕목이었을 뿐이었다.

: 억울한 사람이 없어야 한다

범죄를 줄이려면 강력한 처벌이 우선일까? 범죄자를 한 마리의 어린 양으로 보고 그들을 교화하는 것이 나은 방법일까?

성종 2년(1471) 2월 8일, 정희왕후는 한명회 등과 정사를 진단한다. 이

날의 주제는 원장(圓杖) 사용이다. 원장은 둥근 나무로 된 형 집행 도구로 주로 매질에 사용된다. 원장을 사용하면 매질을 받는 사람들에게는 엄청나게 고통이 따르는 듯 예종 1년(1468) 8월 8일 기록에는 강도들의 국문에 사용됐는데 서너 차례에 이르니 다들 죄를 실토했다고 나와 있다. 언뜻 보면 실효성이 있어 보인다. 이 날 실록은 크게 드러난 장물 또한 없었음도 함께 밝혀 가혹함에 비해 얻는 것이 그리 많지 않았음을 보여준다. 이러한 정황을 읽은 정희왕후는 정사를 돌보자마자 형조에 명하여 둥근 매를 사용하지 말라고 지시한다. 도적이 조금 그치게 되고 국상 중임을 상기시키는 한편으로 원통하고 억울한 사람이 있을까 염려되어 잠정적으로 원장 사용을 정지시키고자 하는 것임을 밝혀뒀다. 원상들은 정희왕후에 의해 이렇게 금지됐던 원장을 다시 사용해줄 것을 청한다.

한명회는 서울 땅에 나타나 한창 기승을 부리고 있는 도적들을 예로 들며 원장을 사용해야 한다고 적극적으로 밀고 나선다. 당시 도둑들은 횃불까지 들고 나타날 정도로 대담했다. 이렇게 대담해진 도둑들의 출현을 한명회는 원장 사용을 금지했기 때문으로 보고 있었다. 원장 사용을 금지한 후부터 도적들이 더욱 심해졌다고 의견을 개진한다. 명나라 고황제가 바늘 하나를 도둑질한 자도 모두 사형에 처했기 때문에 길거리에 떨어진 물건을 사람들이 줍지 않았다는 주장을 펴며 형벌의 강도를 높여야 범죄를 예방할 수 있다는 쪽에 무게를 두었다. 이런 주장에 대해 정희왕후는 분명하게 짚고 간다. "원장은 사람을 상하게 하는 수가 매우 많으니, 금후로는 도둑질한 정범자(正犯者) 이외에는 함부로 사용하지 말라."고.

정희왕후는 억울한 누명에 방점을 찍었다. 매가 무서워 있지도 않은 일을 자백하는 것을 두려워 한 것이다. 정희왕후의 걱정을 읽고 뒷날 청백리로 이름을 남기는 이숭원은 이런 제안을 한다. 수령들로 하여금 매월 말에 도적들을 얼마나 포획했는지를 기록하여 아뢰게 해 수령들의 경각심을 일깨워주도록 하자는 주청이었다. 당시 도망을 다녀 잡지 못한 도적들은 여러 도마다 이를 알아보고 조회하여 체포케 했다. 그런데 도둑들이 이 고을 저 고을을 넘나들며 다니고 있는데도 고을 관리들은 체포하지 않고 책임도 지지 않으려고 했다. 이 의견은 곧 받아들여진다.

자신의 운명을 업보로 받아들이며 속죄했던 정희왕후는 자신이 겪어야 했던 가혹한 운명이 종사에 방해가 될까봐 늘 경계했다. 성종 1년 (1470) 4월, 계속되는 가뭄으로 속이 타 들어가던 정희왕후는 정사를 인수왕비에게 청단하게 하겠다고 선언한다. 자신이 덕이 없어 일어나는 일 일까봐 노심초사했던 것이다. 수라를 감하기까지 하며 자신의 죄를 줄이려고 노력한 흔적이 나온다. 물론 신하들은 '물난리와 가뭄은 성왕도 면치 못한 것'임을 들어 만류한다.

직전(職田)에 대한 폐단도 논의된다. 직전은 현직관리들에게 하사하는 땅. 이때의 관리들은 나라에서 주는 봉록이 많지 않아 하사받은 땅의 세를 높게 받아 생활했다. 그러다보니 당연히 백성들은 힘들게 되었다. 이에 대해 신하들은 세를 관에서 거두어 관에서 주면 폐단을 막을 수 있을 것이라고 진언한다. 이렇게 해서 직전의 세는 소재지의 관리로 하여금 감독하여 거두어 주게 하는 제도, 즉 관수관급제가 시행된다.

11장

정치는 나누기다

⫶ 나누기 대신 덧셈과 곱셈으로

정권은 혼자 잡을 수 없다. 혼자 잡는 정권은 의미도 없다. 탁월한 기획과 철저한 실행은 물론 운도 따라야 권력을 잡을 수 있다. 무엇보다 함께 하는 사람들의 희생과 노력이 없다면 불가능하다. 정권을 잡으면 함께 고생한 사람들에게 그 지분을 나눠주는 것은 자연스런 일이다. 문제는 늘 그 나누기. 경제 논리처럼 나누어줄 지분은 제한되어 있는데 사람은 너무 많다. 공로의 크기를 가늠하는 것 또한 어려운 일이다. 과욕을 부리거나 최고 권력자에게 밉보이면 공이 아무리 커도 내쳐질 수 있는 위험이 있다.

고려도 태조 왕건을 왕으로 만든 개국공신들이 상을 받은 기록이 있으며 조선 역시 태조 이성계가 나라를 세운 후 여러 차례 공신 책봉이 있었다. 왕자의 난을 비롯한 권력 다툼이 있을 때마다 공신 책봉이 이어졌다.

권력을 잡는 일에 동참했으니 화려하게 부상할 것 같지만 곧바로 징계를 당하거나 죽음에 이르기까지 한 이들도 있었다. 권력투쟁에 뛰어들어 이겼다 해도 승자 모두에게 전리품이 돌아가는 것은 분명 아니다.

공신 책봉에 가장 후한 인심을 베푼 사람은 세조였다. 정난공신을 시작으로 좌익공신 46명, 적개공신 45명, 익대공신 39명 등 공신 책봉이 세 차례나 이어졌다. 한 사람이 세 번 모두 책봉되기도 했으니 공신 책봉이 거듭될수록 해당 신하는 부와 권력을 자동적으로 얻게 되었다.

이어 예종 때 익대공신, 성종 때 좌리공신을 책봉했다. 여기에서 그치지 않았다. 연산군을 몰아낸 반정세력들에 의해 왕위에 오르게 되는 중종 역시 정국공신을 대거 책봉해야 했으니 세조부터 아들 예종을 거쳐 손자 성종, 증손자 중종에 이르기까지 4대는 공신 생산시대였다.

공신은 오랫동안 공로를 많이 세운 신하들이라는 의미로 훈구공신(勳舊功臣), 훈구대신(勳舊大臣)으로 불리는 세력들이다. 이들은 성종시대부터 본격 등장하게 되는 사림세력들과 대비되는 개념으로 훈구과 훈구대신으로 불리게 된다. 대부분의 공신들은 비정상적인 정권승계를 무마시키고 안정화시키기 위해 나온다. 공신은 정권안정과 여론 조성의 기반이기도 하다. 비교적 안정된 상태로 정권을 이어받은 사람보다 그렇지 않은 시대에 공신이 많아지는 것은 당연하다.

세조가 연이어 공신을 책봉한 것은 나누기의 힘듦과 부작용을 염두에 두었기 때문이다. 철저하게 덧셈으로, 때로는 곱셈의 법칙으로 공신을 책봉했다. 일단 공신이 되면 등급에 따라 토지와 노비는 물론 자손에게 음직을 주어 등용의 문을 열어주었다. '팔자 고친다'는 말은 공신 책봉과 일맥상통한다. 인생이 확 바뀌었다. 부와 권력은 가질수록 욕심이 생기기 마련이다. 이렇게 엄청난 특혜를 받은 공신들은 이를 바탕으로 더 큰 부와 권력을 생산하고 이어가기 위해 전략적인 제휴를 마다하지 않았다.

특히 성종시대는 세종시대에 일궈놓은 농사법의 혁신으로 농업생산도 늘어났고 이렇게 늘어난 농산물을 바탕으로 한 무역과 공물을 대납하는 대납권 확보 등을 통해 부자들이 생겨났다. 문제는 이렇게 양성된 부자들이 공신들이거나 공신들을 배후에 둔 인물들이라는 점이다. 정권을 찬탈한 이들이 부까지 움켜쥐게 되자 이에 대한 반발이 생기기 시작했다. 정치가 나누기가 아니고 덧셈과 곱셈으로 이어져 특권층을 만들어 낼 때 어떤 부작용이 오는가는 이후 역사가 고스란히 보여주고 있다.

: 레임덕을 부르는 실세들의 부패

공신 책봉만 받아도 운명이 바뀌지만 사람의 욕심은 끝이 없다. 성종시대 터진 몇몇 부패사건은 이를 여실히 보여준다. 가진 자들이 더 갖기 위해 저지르는 부패는 오늘날에도 심심찮게 발생하고 있다. 결과적으로 백성들만 힘들어지는 세상을 만든다.

김득부라는 거상의 뇌물사건은 권력을 이용해 쉽게 돈을 버는 관리들과 상인들의 짬짜미를 여실히 보여준다. 포목과 비단 등을 조달하는 제용감의 첨정(종6품) 김정광이 뇌물을 받고 김득부로부터 조잡한 베 2,500여 필을 최상품인 것처럼 사들인 것이 이 뇌물사건의 요지다.

김득부 사건의 시작은 성종 1년(1470) 5월, 원상 구치관이 김정광을 국문할 것을 주청하면서 시작된다. 성종은 이런 엄청난 비리 앞에서 어찌된 일인지 김정광의 형 김국광이 중국에 가있고 어미가 홀로 있기 때문이라는 이유를 대며 국문을 주저한다. 이 때 구치관은 성종이 거절할 수 없게 반박한다.

"법은 모름지기 귀하고 가까운 사람으로부터 먼저 행해야 하는데, 대신의 동생이라고 하여 너그럽게 용서한다면, 대신의 친족이 되는 자가 무엇을 두려워하고 꺼리겠습니까? 또 김정광의 죄는 실수로 된 것이 아니라 고의로 범한 것이니, 보방하는 것은 매우 적당하지 아니합니다."

하지만 성종은 듣지 않았다. 이유는 이 날을 기록한 사신에 의해 드러난다. 김정광이 대신, 김국광의 동생인데다 소훈 윤씨의 친족이기 때문이었다. 의금부가 상인들을 잡아 조사한 결과 뇌물은 김정광에게만 전해진 것이 아니었다. 권문세가의 인물들이 다들 엉켜있었다. 사헌부는 연루된 이들을 최악의 탐관오리로 규정하며 참형을 주청했다. 결국 재조사가 진행됐고 전모가 드러났다. 김정광은 죽음은 면했으나 변방의

종으로 전락한다. 사헌부는 법에 따라 사형에 처해야 한다고 주청했으나 받아들여지지 않았다.

김정광이 김국광의 힘을 믿고 저지른 일이므로 형 김국광을 벌하라는 여론이 빗발쳤지만 정희왕후는 주춤거린다. 오히려 "자식과 아우들의 일을 어떻게 다 알 수 있겠느냐?"며 여론을 무마하려 한다. 자신의 친족들 중에도 비슷한 사례가 많았기에 이런 저런 이유를 대며 얼버무리려 든다.

정희왕후의 이런 태도는 뇌물을 준 김득부에게 면죄부를 주게 된 꼴이 되었다. 김득부는 권력형 비리를 저지르고도 거리를 활보하다 다시 붙잡혀 온다. 일이 이렇게 되자 승정원은 의금부까지 질타하고 나섰다. 의금부 당상들이 김득부를 빼돌린 것으로 의심했다. 그 이유에는 거부인 김득부의 뇌물이 작용했을 것이라는 추측이 자리한다. 내로라하는 실세들과 그 자제들이 주렁주렁 엮였던 김득부 사건의 복사판은 그 후로도 계속된다.

성종 2년(1471) 사헌부 대사헌 한치형이 올린 시의 17조에 대한 상소문은 당시 사회상을 엿보게 한다. 조선은 신분에 맞게 살아가는 분수를 중시했다. 그러나 한치형의 눈에는 이미 부귀에 익숙해진 고관대작들이 큰 집을 앞 다투어 지으며 궁궐보다 더 화려하게 할 정도로 분수 지키기는 의미를 상실했다. 신분이 분명한 사회였는데도 장사하는 무리나 노비조차도 돈과 재물만 있으면 분수를 헤아리지 않고 사치행각을 벌였다. 이들이 지은 집의 칸 수가 양반을 능가했다. 서인(庶人)의 집이 조정

신하의 집을 능가하고, 조신(朝臣)의 집이 궁궐과 같이 사치스러웠다. 집들의 규모가 절조가 없음을 한치형은 꼬집었다.

임금은 궁중에서 비용절감을 위해 사냥도 물리칠 정도였는데 궐 밖은 강상의 도리마저 어기고 사치라는 풍속에 젖어 있었던 것이다.

당시에는 세종이 마련한 대군(大君)은 60간(間), 공주(公主)와 왕자(王子)는 50간, 종친(宗親)과 문무관(文武官) 등 2품 이상은 40간, 3품 이하는 30간, 서인(庶人)은 10간(間)으로 상한선이 정해져있었다. 재물 앞에서 이런 상한선은 무색했다. 재물 앞에서 흔들리는 기강, 그리고 야금야금 시작된 부패는 관료들의 절제를 잃게했다. 부패의 고리는 공신들이었다. 권력의 단맛에 빠진 그들을 어쩌지 못한 정희왕후. 예종의 숙제를 풀기는 참으로 버거웠다.

: 내수사의 정리

세조는 다른 임금들에 비해 검소했다. 그가 묻혀있는 광릉도 그의 유언에 따라 석실과 석곽은 물론 병풍석도 세우지 않아 간소하다. 세조는 공상하는 모든 물품의 절감에 대해 의논하는 것을 비롯해 비용을 절감하려는 노력을 자주 보인다. 백성들의 고혈을 어떻게 해서라도 줄여보겠다는 의지의 표현이기도 했다.

정희왕후 역시 비슷했다. 스스로도 검소했지만 대궐에서 쓰는 쌀·베·잡물과 노비에 관한 일 등 왕실의 재정을 맡아 보던 관아인 내수사에 대해서도 엄격했다. 내수사는 처음에는 고려왕실에서 물려받은 왕실 재산과 함경도 함흥지방을 중심으로 한 태조 이성계 가문의 사유재산을 관리하기 위해 설치됐다. 면세특권도 있었던 내수사는 세종 이후 재산이 더욱 확대돼 비약적인 성장을 하면서 폐해가 나날이 커갔다. 주로 고리대금업을 통해 재정을 불려나갔다. 정희왕후는 내수사에서 고리대 금업을 하던 장리소를 562개에서 237개로 정리해 폐해를 줄여나가고자 했다. 혁파한 곳이 남는 곳보다 많았으니 개혁의지가 얼마나 컸는지 엿볼 수 있다. 장리를 수납할 때 가재와 소나 말처럼 생계와 직접 관계가 있는 것을 징수하지 못하게 하고 삭감해주는 조처도 취해준다. 이런 조처에도 불구하고 법령을 준수하지 않고 이자를 불리는 사례가 이어지자 법과 같이 하지 않는 사람에 대해서는 윗사람에게 알릴 수 있는 장치까지 마련한다.

정희왕후가 이처럼 내수사에 대해 강경한 입장을 취한 것은 내수사가 궁궐의 재정을 맡고 있어 바깥에서 왕실 세력을 믿고 불법전횡을 많이 저질렀기 때문이다. 정희왕후가 근검절약을 중시했다는 사실은 실록 여기저기서 찾을 수 있다. 윗물이 맑으면 아랫물이 맑다고 여겼기에 지도층인 신료들의 풍속을 다스리고자 했다. 성종 4년(1473) 3월 6일의 기사다.

　　대왕 대비(大王大妃)가 승정원(承政院)에 전교하기를,
　　"전에 《안동풍속(安東風俗)》을 간행(刊行)한 까닭은 풍습이 검소하게 되게 하기 위한 것이었는데, 지금 아직도 그 효험을 보지 못하였다. 주상(主上)께서 몸소 절검(節儉)을 행하시어, 모든 의복은 반드시 검소한 것을 숭상하시나, 오직 상참(常參)·경연(經筵)에서만 표의(表衣)2896)에 채단(彩緞) 옷을 입으시니, 승지(承旨)들은 이 뜻을 잘 알라" 하였으므로, 이날 승지는 다들 화려한 옷을 벗었다.

관료들의 의복에 대한 지적까지 한 것은 과한 면이 있지만 이 시기의 사치가 심각한 사회문제가 되고 있음을 엿볼 수 있다. 의복뿐만 아니라 집안에서 쓰는 그릇도 무늬가 화려한 것을 쓰지 않은 집이 없었다는 기록도 나온다. 무늬가 있는 그릇은 대부분 중국에서 수입해야 하는데도 보편화되고 있었다는 얘기다. 쉽게 번 돈의 쓰임새는 이렇게 고위층의 사치로 이어졌다.

정희왕후가 사치를 다스리며 스스로 검소함을 실천한 또 하나의 이유는 역대 임금들과 달리 성종은 모셔야 할 어른이 많은 데도 이유가 있었다. 정희왕후는 조선개국 이후 남편인 임금보다 오래 산 첫 왕후였고 처음으로 대왕대비가 된 인물이다. 게다가 아들 둘이 모두 만 스무 살이 되기 전에 세상을 떠나는 바람에 며느리 둘도 젊은 대비가 되어버렸다. 왕이 받들어 모셔야 할 부담이기도 했다. 성종의 부담을 줄이기 위해서라도 사치를 경계해야 했다.

지나친 음주 역시 이때도 문제가 됐다. 성종 4년(1473) 3월 6일 사헌부

대사헌, 서거정 등은 금주에 대한 차자(箚子)를 올린다. 이날 차자의 핵심은 흉년으로 금주령을 내려놓고도 활쏘기 시합을 하고 난 후에는 음주를 허가하는 바람에 시정의 무리들이 이를 핑계 삼아 술을 마시고 있어 단속이 어렵다는 것이었다. 이때의 금주령은 성종 3년(1472) 전국적으로 일어난 홍수, 가뭄, 태풍의 재해로 인해 실시되었다. 재해가 특히 심했던 경기도는 재산을 다 팔아도 먹고 살 수 없어 진대(賑貸)에 의존해서 근근하게 살아가는 형편이었다. 그런데도 일부에서는 질펀하게 먹고 마시는 것이 도가 지나쳤다. 활쏘기 시합을 하고 난 후에는 금주령을 풀어주자고 제안한 이는 한명회였다. 술에 대해 관대했던 한명회는 공을 치하하거나 축하할 일이 생겼을 때 주연을 베풀 것을 자주 주창한다. 그는 조직을 이끌 보스기질은 있었으나 백성들과의 눈높이를 맞추지는 못했다.

: 정희왕후의 영향력

정희왕후는 수렴청정을 거둔 후 정사와는 거리를 두었다. 수렴청정도 초창기에는 정희왕후가 일일이 나섰지만 시간이 흐를수록 성종에게 힘을 실어준다. 그래도 그 영향력은 이어졌다.

이런 영향력을 확인이라도 하듯 성종 14년(1483) 1월 장령 박형문은 임보형과 이숭수의 관직을 거두어 달라는 상소를 한다. 임보형과 이숭수는 정희왕후의 외척이다. 박형문은 임금이 정희왕후를 의식하여 이들을 내치지 않을까봐 이들이 정희왕후에게 오히려 흠이 될 수 있음을 경고한다.

이에 대해 성종은 "소인을 써서 나라를 그르치려는 것이 아니라 대비를 위하여 그 자급을 더한 것뿐이다"고 실토한다. 박형문은 정희왕후의 치적에 흠집이 날 것을 두려워했고 성종은 정희왕후의 마음을 기쁘게 해주고 싶어 했다. 모두 정희왕후를 의식했다. 박형문의 지적은 몇 가지를 시사한다. 정희왕후의 수렴청정은 후한 점수를 받고 있었다는 점과 정희왕후가 자신의 집안사람들을 중용했고 이들에 대한 평가는 그리 좋지 않았다. 정희왕후의 집안 사랑은 결국 청정을 거두는 결정적인 계기가 되었던 익명서 사건을 불러일으키며 오점을 남긴다.

정희왕후에 대한 성종의 대우는 장례를 3년 상으로 치른 것으로 대변된다. 이미 정희왕후는 세조가 그랬던 것처럼 죽으면 장례를 성대하게 치르는 후장(厚葬)은 하지 말라는 유언을 남겼다. 장례에 쓸 옷도 미리 만들어 놓았는데 그 옷도 면포를 썼다. 비단같이 화려한 물건은 쓰지 않았다. 이렇게 사후까지 검소함의 끈을 놓지 않은 정희왕후에게 성종은 상제를 3년 상으로 하겠다며 신하들에게 의견을 묻는다. 성종에게 정희왕후 3년 상은 정희왕후를 임금의 예로 모시겠다는 것으로 자신은 물론 세조가의 정통성에 종지부를 찍는 일이다. 정희왕후는 세조를 기준으로 정치를 했고 전략적인 선택으로 자신을 왕으로 낙점했다. 그런 정희왕후를 임금의 예로 대하는 것은 그 선택에 힘을 싣는 정리 작업이었다.

신하들은 정희왕후의 공은 인정하나 그런 전례가 없음을 앞세워 3년

상에 반대의사를 표한다. 임금과 어버이의 상은 정해진 제도가 있으므로 공덕과 인정에 따라 가볍게 할 수는 없다는 의견이 지배적이었다. 특히 법을 허물어뜨려서 생기는 후대의 폐단을 걱정했다. 성종의 편을 들어준 신하는 한명회였다. 그는 예(禮)는 인정에 인연하는 것이므로 변경시키는 때도 있고 다른 여후에 비할 수 없는 정희왕후의 공덕이라면 3년 상을 행하여도 해로울 것은 없다며 성종의 입장을 거들어 준다.

이때 신하들이 주장한 논리의 한 편에 여주(女主)라는 말이 나온다. 부득이했지만 여주로서 정책의 최고 결정권을 가지고 있었음은 3년 상의 찬성여부와 관계없이 인정했다. 반대는 거셌지만 성종의 의지는 관철되어 정희왕후의 장례는 3년 상으로 치러졌다. 이를 기록한 사신은 좋은 눈으로 보지 않았다. 한명회의 의견을 따라 정희왕후 3년 상을 추종했던 허종이 후에 자신의 지나침을 깨닫고 스스로 탄핵한 것에 오히려 높은 점수를 준다. 사관의 속내는 아무리 훌륭했어도 여주는 임금이 아니라는 결론을 내렸다. 그런 점에서 본다면 성종의 용단은 할머니에 대한 효성 이상의 정치적인 의미가 내포돼 있었다. 성종의 정통성 다지기에 영향을 미쳤음은 물론이다.

4부

불편한 동거

:

칠삭둥이 한명회, 변절자라는 오명을 쓴 신숙주,
간신의 대명사 유자광. 보는 이의 시각에 따라 여전히 평가가 엇갈리는
이 유명한 인물들이 정희왕후의 신하였다.
왕실의 피비린내를 없애기 위해 이들과 손을 잡은 정희왕후.
점점 더 기득권층이 되어가는 이들과의 연대,
참으로 불편한 동거였다.

한명회와 손잡다

: 인연

이런 인연이 있을까?

정희왕후의 아들인 의경세자와 예종은 모두 성인인 만 20세가 되기 직전, 세상을 떠난다. 예종과 성종에게 출가했던 한명회의 셋째 딸과 넷째 딸 역시 각각 17살과 19살이라는 꽃다운 나이에 중전의 영화도 제대로 누려보지 못하고 요절한다. 사돈 간이기도 하지만 자식을 앞세운 비극의 주인공으로서 정희왕후와 한명회는 아픈 공감대가 있었다. 특히 정희왕후는 딸 의숙공주마저 성종 8년 (1477)에 세상을 하직해 남편과 자식 모두를 앞세우는 비련의 주인공이다. 그랬기에 비슷한 처지의 한명 회를 통해 많은 위로를 받았을 것으로 짐작된다. 정희왕후가 수렴청정을 거두고자 했을 때 의례적이라고 해도 한명회가 "마음 편히 술 한 잔 할 수 있겠습니까?"하며 반문한 것은 두 사람의 동지적인 관계를 잘 보여준다.

동지적인 관계는 정난 이후의 왕실이 겪은 비극을 감내하고 왕권을 위기에 빠뜨리지 않은 훌륭한 카드였다. 조카를 몰아내고 어렵게 왕위에 오른 세조와 정희왕후는 맏아들 의경세자가 요절하자 왕권안정을 위한 대책에 더욱 고심한다. 둘째 아들 예종을 세자에 책봉한 뒤 안전장치를 위해 한명회의 셋째 딸을 세자빈으로 삼는다. 혹시라도 있을 변고를 예방하기 위해서다.

안전장치는 그러나 정희왕후와 한명회의 교감이었을 뿐 예종은 임금에 오른 뒤 장인 한명회와 대척점에 선다. 강력한 왕권을 세우고자 했던 예종은 아버지 세조와 뜻을 같이 한 공신들인 훈구대신들과 여러 차례 반목을 거듭했다. 한명회는 신숙주와 함께 훈구파를 대표하는 대신이었다. 강력한 왕권을 부르짖은 예종의 정책에 직간접적으로 연결된 이들은 쉽게 동조하지 못했다. 정희왕후 역시 아들 예종의 개혁속도에 당황해 했다. 정희왕후에게는 3남 7녀의 9번째 오빠와 동생, 언니, 형부, 조카와 조카사위 등 직계친척만도 엄청났다. 이들은 정희왕후를 배경으로 급성장했다. 앞서간 외척들이 어떤 지경을 겪었는지를 조금만 반추했어도 좋았겠지만 권력의 맛에 익숙해진 일부 친척들은 단맛을 누리기에 바빴다.

이런 연유로 예종이 갑자기 승하했을 때 훈구파의 독살설이 제기되기도 했다. 독살설을 제기하는 측은 정희왕후와 한명회를 같은 편으로 분류한다.

한명회는 예종을 사위로 맞은데 이어 인수대비의 요청으로 의경세자
의 둘째 아들인 성종도 사위로 맞는다. 성종과 한명회 막내딸과의 결혼
은 권력유지와는 조금 거리가 있긴 하다. 결혼 당시에는 성종, 즉 자산군
이 왕위에 오를 가능성이 그리 높지 않았으니까.

성종과 결혼한 한명회의 막내 딸 공혜왕후 역시 왕비에는 올랐으나 슬
하에 자식 하나 남기지 못한 채 젊은 나이에 세상을 뜬다. 성종 역시 예
종처럼 정희왕후가 수렴청정을 거둔 뒤 한명회를 압박하여 신하들의 탄
핵을 유도한다. 한명회는 정희왕후와 성종에게 필요한 사람이었지만 일
정한 거리를 두고 경계해야 할 인물이기도 했다. 새가 알을 깨고 나와야
하는 것처럼 젊은 성종은 언젠가는 한명회로부터 벗어나야 했다. 한 판
의 승부를 펼쳐야 했다.

: 한명회는 누구인가

한명회는 권력만큼 비난도 많이 샀다. 이시애가 난을 일으키면서 한
명회에게 엉뚱한 죄를 뒤집어 씌웠던 것처럼 이후의 신하들도 한명회를
자주 끌어들인다. 남이도 역모혐의로 국문을 받을 때 "한명회가 적자(嫡
子)를 세우는 일을 말하기에 난(亂)을 꾀하는 것을 알았다"며 한명회를
옭아맨다.

귀성군 이준이 왕이 될 만한 인물이라는 말을 했다는 의심을 받아 능

지처사된 최세호도 의금부에서 한명회에 대해 아래와 같이 언급한다.

> … 군자감 직장(軍資監直長) 홍효손(洪孝孫)이 나를 맞이하여 서로 이야기하다가 말이 한정승(韓政丞)의 일에 미치게 되자 말하기를, '한정승(韓政丞)이 두 번이나 국구(國舅)가 되었으니 복이 있는 사람이다'하고는 이내 말하기를 '한정승(韓政丞)이 몇 날이나 복을 누리게 될 것인가? 지금 주상께서 왕위에 있지마는 또한 어찌 오래가겠는가? 내 처부(妻父)의 말한 바가 반드시 틀리지 않을 것이다. 그대가 우리 가문(家門)의 정사(政事)를 보고서 그대가 어찌 구원을 바라는 일이 없겠는가? 고 했습니다 ….

역모로 몰려 세상과 하직했던 인물들은 하나같이 한명회를 거론한다. 그만큼 권세가 한명회는 척결 대상이었다. 역모의 정당성을 확보할 수 있을 정도로 제거 대상 1호 인물이기도 했다. 그렇게 여러 번 코너에 몰렸지만 그 때마다 위기를 모면했다. 동물적인 감각을 타고났다고 말할 수밖에 없는 인물이다.

한명회는 세조를 도와 계유정난을 성공시켜 세조의 최측근 신하가 된 1453년부터 성종 12년(1481) 불경죄로 권력을 잃을 때까지 무려 30년 가까운 세월 동안 권세를 쥐고 흔들었다. 우리 역사상 가장 오랫동안 권력의 중심에 있었던 인물이다. 한명회의 권세를 빼앗아 간 사건은 자신의 호를 따라 지은 압구정 정자에서 비롯됐다. 중국 사신을 위한 잔치를 베푸는데 압구정 정자가 좁아 평평한 곳에서 준비해야 한다며 임금이 행사를 주관할 때 쓰는 천막을 내달라고 감히 청한 것이 화근이 됐다. 게다가 임금이 윤허를 하지 않자 아내의 병을 핑계로 잔치에 참여하지 않겠다며 불편한 내색을 비쳐 불경죄로 대간들의 질타를 받게 되며 성종의 신임도 결정적으로 잃게 된다.

스스로도 권력의 정점에서 내려온 그 사건이 오래도록 남았던지 임종 직전 성종이 보낸 중사(내시)에게 "처음에는 근실하다가 종말에는 해이해지는 것이 사람의 상정(常情)"이라며 처음처럼 신종할 것을 부탁하며 숨을 거두었다. 서거정이 지은 한명회의 비문이 전하는 내용이다. 성종 18년(1487) 11월 14일 향년 73세였다.

한명회는 사후의 일에도 신경을 썼다. 좌승지였던 한명회의 조카 한언은 한명회가 숨을 거두고 이틀 후 "숙부가 죽은 뒤에 반드시 평생의 일을 기록하여, 묘 곁에 돌을 세워서, 뒷사람들로 하여금 누대의 은총을 지극하게 받은 것을 보게 하라고 했다"며 비석 운반이 어렵다고 성종에게 하소연 한다. 성종은 비석이 지나는 고을에서 품앗이를 해주라고 명한다. 비석의 내용과 규모가 어떠했는지를 예상할 수 있다.

성종 18년(1487) 11월 14일 성종실록에 기록된 한명회의 졸기에는 어머니 이씨가 임신한지 일곱 달 만에 한명회를 낳았다고 남겨 칠삭둥이임을 일러둔다. 한 인물 하는 사람들에게 자주 있는 태성과 두성이 그의 배위에도 있었다. 알려진 대로 한명회는 문종 승하 후 친구 권람을 통해 수양대군에게 접근한 뒤 의기투합한다. 홍달손 등 30여명을 천거해 명실상부한 수양대군 사람이 된다. 계유정난이 성공한 후 수양대군은 그를 군기 녹사에 앉히고 정난공신으로 만들어준다.

이후 출세 길은 그야말로 탄탄대로였다. 계유정난이 있었던 해에 정4품으로 승진했고 1454년에는 승정원에 들어가면서 정3품으로 올라갔다. 사육신들의 거사를 미리 알아채고 대처한 후 좌승지로 오른 데 이어 승진에 승진을 거듭, 일인지하 만인지상(一人之下 萬人之上)의 자리, 영의정까지 올랐다. 대단한 것은 수양대군(세조)에서 예종으로, 예종에서 성종으로, 왕이 바뀔 때마다 한명회의 권세가 한층 더 강해졌다는 점이다. 연속으로 두 왕의 장인이 된 사람도 조선왕조를 통틀어 한명회가 유일하다. 그의 권세가 30년을 유지한 기본적인 힘이기도 하다.

한명회의 정치 인생에 고비가 전혀 없었던 것은 아니다. 가장 수치스러운 사건은 자기의 아들 뻘 되는 젊은 공신들에게 정치적 주도권을 내준 일이다. 한명회의 주군인 세조는 커가는 공신들의 세력을 견제하기 위해 귀성군 이준(조카)과 남이 같은 20대 청년들에게 영의정·병조판서 직책을 주고 이들을 새로운 실세로 만들었다. 이 때문에 한명회는 한 때 권력 중심에서 밀려났다. 하지만 세조가 죽고 예종이 왕위에 오른 뒤 판세는 다시 한명회 편으로 돌아왔다. 남이를 역모죄로 몰아 처형하는 등 젊은 공신들을 탄압하는 과정에서 권력을 회복하고 제2의 전성기를 열었고, 뒤이은 성종 때는 제3의 전성기를 구가했다. 세조, 예종, 성종을 거쳐 정난공신, 익대공신, 좌리공신 등 4차례의 공신 책봉을 받았음이 이를 입증한다.

이시애가 지어낸 말 때문에 가택연금을 당하고, 죽은 후에 연산군에 의해서 부관참시를 당하기도 하지만 생전의 영화와 권세는 조선을 통틀어 찾아볼 수 없을 정도로 화려했다.

: 처세의 달인

한명회는 정치적인 처신을 상당히 잘했다. 혜성이 나타나는 것을 보고 군영을 대궐의 동쪽과 서쪽에 설치하기를 청한 뒤 직접 서영을 거느리기도 했고 성균관에 서적이 부족하다고 지적한 후에는 사재를 털어 경사를 인쇄하도록 하기도 했다. 사신의 논평에는 권세가 매우 성하여 따르는 자가 많았고 찾아오는 사람이 많았는데 이들을 융숭하게 대접하여 실력자들이 한명회를 통해 권력을 잡았다고 전한다. 그 세력을 믿고 변변치 않은 벼슬에 있는 사람들 중에는 채찍을 잡는 사람까지 있을 정도였다니 세도가 어느 정도였는지 짐작할 수 있다. 전형적인 보스 형이었다.

권력을 잃은 이후 자신을 찾아오는 이가 없자 탄식하였다는 것으로 보아 정치적인 처신은 잘 했어도 인간적으로 두터운 관계를 맺지는 못한 것으로 보인다. 사관은 한명회가 번잡하고 과장이 심하며 재물을 탐하고 색을 즐겼다고 전한다. 조선 부정부패의 시작에 한명회가 있었음이다. 그가 실력을 행사했던 30년은 조선판 부정부패가 결정적으로 시작되는 시기이기도 하다. 한명회가 평가절하 될 수밖에 없는 이유다. 한명회에 대한 견제도 여러 차례 있었다. 한명회는 변화를 요구하는 시점이 되거나 새로운 주장이 제기될 때면 어김없이 제거의 대상이 됐다.

성종 3년(1472) 6월 19일 지평 박시형은 대신을 제조로 삼는 것이 옳지 않다고 아뢰면서 원상제 폐지에 대한 의견을 우회적으로 표현한다. 즉위 초에는 어쩔 수 없었지만 이제는 학문도 높아졌고 직접 업무도 결정하는 만큼 나이든 신하를 불편하게 하지 말아야 한다는 완곡어법으로 원상제를 그만 거두었으면 하는 의견을 비친다. 지평이라는 자리는 사헌부 소속으로 정5품의 관직. 당시 사헌부가 오늘날의 법원과 검찰이라는 사법부를 능가하는 힘을 가진 곳인데다 지평은 사헌부의 핵심 기간요원으로 요직이었다. 지평 자리는 소신을 굽히지 않는 젊은 관리들이 주로 맡았다. 지평인 박시형의 입에서 나온 이 말을 통해 원상들이 당시 관료들에게 어떤 이미지를 주고 있었는지 엿볼 수 있다.

성종은 다시 생각하겠다는 답으로 즉각적인 의견수렴은 하지 않았다. 다음 날 박시형은 피혐을 청한다. 피혐이란 사헌부에서 탄핵했던 일이 임금에게 받아들여지지 않았을 때 사건과 관련된 관원이 벼슬에 나가는 것을 피하던 일이다. 말을 꺼낸 지평이 결국 피혐을 청할 정도로 성종의 한명회에 대한 신뢰는 그 때까지도 건재했다. 권력이 큰 만큼 신하들의 탄핵도 집요했다. 같은 해 12월 평창군수로 발령 난 김순성이라는 인물이 외진 시골로 가는 것이 싫었는지 아내의 병을 핑계로 부임하지 않는 사건이 일어난다. 신하들은 김순성이 한명회에게 청탁을 넣은 일이라고 한명회를 탄핵했다. 이때도 성종은 "작은 일로 정승을 탄핵해서는 안 된다"며 이들의 청을 받아들이지 않았다.

　한명회는 이런 소용돌이를 겪게 되자 겸 판서를 해면해달라고 요청을 한다. 하지만 이 또한 왕에 의해 받아들여지지 않는다. 오히려 죄 없는 한명회를 탄핵한 사헌부관리를 좌천시키는 것으로 일을 매듭지었다.

　한명회 입장에서도 이 같은 처사가 부담스러웠던 듯 사헌부의 관리를 좌천시킨 것은 곤란한 일임을 아뢰게 된다. 이 때 정희왕후의 답변은 원상을 존중하고 헌부에 대한 아쉬움을 내비치는 정도가 생각보다 높았다. 성종 3년(1472) 12월 9일 기록이다.

　… 상당 부원군(上黨府院君) 한명회(韓明澮)가 와서 아뢰기를, "이제 명하여 헌부(憲府)의 관리(官吏)를 좌천하시니, 신은 생각하건대 소사(所司)에서는 말로써 책임(責任)을 삼으므로 비록 인주(人主)의 과실이라 하더라도 직언(直言)하고 피하지 않아야 하는데, 이제 말한 것은 깊이 신의 병통을 맞춘 것이니, 신의 연고로써 책망하여 좌천하게 하오면 후세에 어떻게 여기겠습니까?" 하니 전교하기를,

　"이미 체대하도록 하였으니, 어찌 고칠 수 있겠는가?" 하였다. 대왕대비(大王大妃)가 전교하기를,

　"헌부(憲府)의 과실(過失)이 셋이 있으니, 은미(隱微)한 일을 가지고 대신(大臣)에게 죄줄 것을 청하여 주상(主上)이 반복하여 개유(開諭)하였으나 저들이 이내 고집(固執)하였으니, 그 과실의 하

나이고, 세쇄(細碎)한 일을 가지고 억지로 청하기를 두세 번 하였으니, 그 과실의 둘이며, 주상이 먼저 발언(發言)한 자를 물었는데 헌부에서는 대답하지 아니하고 조종(祖宗)의 고사(故事)로써 그르다 하였으니, 그 과실의 셋이다. 그런 까닭으로 주상이 좌천을 명하였다" 하였다.

한명회가 지적했듯 사헌부의 관리들은 임금의 잘못에 대해서도 직언을 피하지 않아야 하는 것이 마땅하다. 그런데도 정희왕후는 작은 일로 대신에게 죄주기를 청한 점이나 임금이 타일렀는데도 고집을 꺾지 않은 점, 발언한 사람을 물었는데도 대답하지 않은 점 등을 들어 사헌부관리의 좌천을 당연시했다. 정희왕후의 이 같은 태도는 필연적으로 사헌부와 사간원 등 언관들을 위축시켰다. 언관들이 위축되는 만큼 한명회의 입지는 강화됐다. 언관을 위축시킨 이 같은 대처는 언로(言路)를 막게되고 자연 백성들과의 소통도 어렵게 하게 된다. 정희왕후의 정치 여정에서 가장 아쉬운 부분이다. 정희왕후의 이 같은 전폭적인 지지 발언 속에서 한명회의 경계심은 느슨해질 수밖에 없었다. 한명회의 입지 강화는 공신들의 위상과 직결된다.

성종 5년(1474) 3월 29일 대사간 정괄 등은 성종에게 강원도 관찰사로 임용된 윤잠이 황해도 관찰사 재직 당시 한명회에게 표피(豹皮)를 뇌물로 주었다가 발각되어 파직된 일이 있었으므로 서용할 수 없다고 주장한다.

성종은 이때도 이미 죄를 주었으므로 종신토록 서용하지 않을 수는 없다는 말로 대간의 의견을 받아들이지 않는다. 임금의 비호를 받고 있지만 한명회가 어떤 인물인지는 드러난다. 결격사유가 많음에도 정희왕후와 성종이 무한 신뢰를 한명회에게 보냈던 것은 그가 부귀영화는 누릴지언정 용상을 탐하지는 않은 인물이었기 때문에 가능했다. 한명회는 그런 점에서 정희왕후에게는 일종의 방패 막이었다. 한명회가 권력의 실세로 부귀영화를 누리면 누릴수록 비난의 칼끝은 한명회를 겨냥하게 된다.

　한명회가 그 자리에 없을 경우 혹시 있을 실책에 대한 비난의 목소리는 성종이나 자신을 겨누게 된다. 정희왕후에게 한명회는 필요악 같은 존재였다. 게다가 한명회는 무엇을 피하고 무엇을 막아야 할지 어렵지 않게 판단할 수 있는 남다른 감각을 가진 인물이었다. 따르는 무리가 많아져도 그들이 역모를 저지를 가능성은 매우 낮다. 누구와 역모를 도모해도 세조만큼 대우해줄 임금은 없었고 사돈으로 연결된 정희왕후만큼 동지적인 관계를 유지할 수 있는 권력을 얻기는 힘들었다. 정희왕후와 한명회는 그야말로 같은 배를 탄 것이다. 한명회를 끝까지 곁에 둘 수밖에 없었던 이유이다.

13장

신숙주의 한계

: 배신의 정치

쉽게 상하는 녹두가 숙주나물로 불려지게 된 것은 집현전 학자들이 중심이 되어 일어난 사육신의 난 이후 사람들이 변절한 신숙주를 녹두 나물에 빗대어 붙였기 때문이라고 한다. 그에 대한 미움이 어찌나 컸던지 만두소에 숙주나물을 짓이겨 넣으며 신숙주를 질타했다고 한다.

어디 그뿐이었을까? 야사가 전하는 신숙주와 관련된 또 하나의 일화는 이렇다. 계유정난으로 실권을 잡은 수양대군이 왕위에 오르자 단종을 모셨던 성삼문 등 이른바 사육신들은 하늘에 두 개의 해가 있을 수 없다며 단종 복위를 도모한다. 하지만 이들의 계획은 한명회에 의해 좌절되고 끝내는 목숨을 잃고 만다. 사육신의 옥사가 있던 날 신숙주의 부인은 멀쩡하게 퇴청한 신숙주를 향해 "어찌 살아왔느냐?"고 따지며 스스로 목숨을 끊었다고 한다. 이 이야기는 논리적으로 맞지 않는다. 사육신의 옥사는 세조 2년(1456) 4월에 일어났고 신숙주의 부인은 같은 해 정월에 죽은 것으로 기록돼 있다. 사실이 아니라는 얘기다. 그런데도 마치 사실처럼 야사가 되어 후세에 전하게 된다. 민심은 사실여부를 확인하는 대신 이 얘기를 그럴듯하게 전하는 일에 더욱 주력한 것이다.

숙주나물과 야사를 통해 변절자의 대명사가 된 신숙주. 그러나 신숙주는 그런 큰 비난을 받아야 할 만큼 악인이라기보다는 다른 잣대가 작용했다. 변절에 대한 오명은 그의 학문과 경륜을 높이 산 사람들이 더 큰일을 할 수 있는 신숙주가 그렇게 하지 못한데 대한 아쉬움에서 나온 것이리라. 기대가 컸기에 실망이 큰 전형적인 예라고 할 수 있다.

신숙주는 스스로 어떤 일을 선택하기 위해 그림을 그리고 기회를 만들기보다는 흐르는 물에 몸을 맡기며 살아간 인물이다. 흐르는 물이 늘 그를 양지바른 곳으로 안내했다. 물론 그의 눈도 양지바른 곳을 보고 있었다. 이런 대목이 '소신'을 무엇보다 중시한 선비들에게는 비난의 대상이 되었을 것이다. 성삼문과 더불어 세종과 문종으로부터 단종을 보호해달라는 부탁을 받은 집현전 출신 신하들 중에는 신숙주도 있었다. 그러나 신숙주는 세조의 편에 있었고 세조 즉위 후에는 최고위직인 영의정까지 올라 부귀영화를 누리게 된다.

: 세조가 신숙주를 선택한 이유

한명회가 권람을 통해 세조를 스스로 찾아간 인물이라면 신숙주는 세조가 의도적으로 접근해 발탁한 인물이다.

세조는 왜 신숙주를 선택했을까? 집현전의 잘나가는 인물을 영입하려 했다면 선택의 폭은 매우 컸다. 성삼문을 비롯하여 박팽년, 이개, 하위지 등 대상은 많았다. 특히 투톱이라고 할 수 있는 성삼문과 신숙주 중에 신숙주를 택했던 것은 신숙주의 천재적인 학문의 깊이는 물론 그의 융통성을 높이 샀을 것이다. 물론 성삼문이 안평대군을 통해 세종에게 천거됐다는 사실을 모를 리 없는 세조는 성삼문에 버금가는 인물을 찾아야 했다. 신숙주는 그 기준에 조금도 모자라지 않는 인물이었다. 실록이 전하는 신숙주의 면모에는 세조의 선택을 알게 될 일화가 전해진다.

신숙주는 오늘날로 말하면 글로벌 인재. 당시의 세계라 할 수 있는 중국과 일본을 넘나들었다. 이런 경험은 그에게도 상당한 자부심이었다. 세종 25년(1443) 신숙주가 서장관으로 일본을 방문하고 돌아올 때다. 거센 태풍으로 배에 탄 사람들 모두 낯빛이 변할 정도로 두려움에 떨었으나 신숙주만은 태연했다. 그 풍랑이 또 한 번 앞서간 문물을 접할 기회를 줄 수 있다는 역발상을 하고 있었기에 가능했다. 그는 그만큼 배포가 컸다. 당시 그 배에는 왜적에게 사로잡혀갔다가 임신까지 하고 다시 조선으로 돌아가는 여성이 승선했다. 그러자 임신한 여성이 배에 타는 것을 꺼리는 사람들이 "풍랑이 그 여성의 탓"이라고 지적하며 바다에 던지려고 했다. 이때 신숙주는 "차마 남을 죽이고 삶을 구할 수는 없다"며 그들의 의견을 받아들이지 않는다. 그의 인간성을 엿볼 수 있다.

대마도 세송선에 얽힌 일화는 신숙주를 더욱 빛나게 해준다. 서장관으로 방문했을 때 조선과 대마도가 함께 세송선의 정수를 약정하려 하였는데 대마도주가 부하들의 말을 듣고 이에 응하려 하지 않고 있었다. 신숙주는 대마도주를 이렇게 설득한다.

… 이번 일은 사신인 내가 알 바가 아니다. 그러나 들어 보니 남모를 의혹이 있다. 만약 배의 숫자를 정해 놓으면 반드시 증빙을 받아야 우리나라에 올 수 있다. 그렇게 되면 권한이 모두 도주에게 돌아가 큰 이익이 될 것이다. 그런 배의 숫자를 정하지 않는다면 사람들이 모두 제멋대로 왕래할 것이니, 도주에게 무엇을 부탁하겠는가? 비록 어리석은 자라 할지라도 그 이익과 해 중에서택해야 할 것이 무엇인지 알 것이다….

이 말을 들은 도주는 그제야 그 뜻을 깨닫고 배의 숫자를 정하였다. 신숙주의 해법은 외교 그 자체였다. 계유정난 후에도 신숙주는 세조의 마음에 쏙 들게 일했다. 세조 6년(1460) 가을, 신숙주는 강원도와 함길도 제찰사가 되어 야인을 정벌하는 공을 세운다. 이때의 작전은 장병을 여러 부대로 나누고 그 부대들이 서로 다른 길로 일시에 진격하는 것. 그렇게 진격한 장병들이 적의 소굴에 깊숙하게 들어가 마치 풀을 뽑듯, 새를 잡듯 쉽게 이기고 돌아왔다. 분개한 오랑캐가 밤을 이용해 부대의 후미를 공격해 오자 신숙주는 누워서 일어나지도 않은 채 시를 한 수 지어 읊는다.

> 오랑캐 땅 서리 내려 변방은 찬데
> 철기는 백리 사이를 누비네
> 밤 싸움은 그치지 않았는데 날이 새려하네
> 누워서 북두성 보니 영롱히 반짝이네

　싸움에 임한 장병들은 한가하게 시를 읊는 신숙주를 보고 쉽게 이길 수 있는 전쟁이라는 판단을 하고 용기를 내어 동요하지 않았다고 하니 제갈량을 연상케 하는 대목이다. 실록은 신숙주를 여러모로 극찬하고 있다. 방략을 가르쳐 주고 용기 있는 자나 겁내는 자 모두 분발하게 하여 위기에 신속하고 적절하게 대응하게 하는 리더십을 강조한다. 그의 리더십이 적으로 하여금 감히 침범하지 못하게 했음은 두말할 것도 없다. '비록 옛날의 명장이라도 공보다 더할 수는 없었을 것'이라는 극찬을 아끼지 않는다. 실제 신숙주가 전투를 이끌었고 그 전투들을 승리로 이끈 기록이 있기에 실록의 판단은 분명한 근거가 있다.

　신숙주의 사람 됨됨이를 보여주는 또 하나의 일화가 있다. 이조에서 신숙주를 제집사로 임명하였으나 어쩌다가 관원이 잊어버리고 첩을 주지 않았다. 이 때문에 관원이 자리에서 쫓겨나자 신숙주는 자신이 첩을 받고 나가지 않았다고 그 관원을 감싸주고는 자신이 대신 낙

마했다. 자신으로 인해 남이 상처받는 것을 견디기 어려워하는 성품임을 보여준다.

계유정난 당시 신숙주는 외직에 있어 궁궐의 참담한 꼴을 보지 않을 수 있었다. 당시 신숙주가 외직에 나가있었던 것은 김종서 등이 수양대군과 밀착된 신숙주를 경계한 인사조처이기도 했다. 덕분에 신숙주는 피바람이 불던 그날의 정난을 겪지 않으면서 부담 없이 세조 편을 들 수 있었다.

그의 성품은 고매하고 관후하며 활달하다고 기록되어있다. 경사에도 두루 밝아 모르는 것이 없었고 결단력도 있어 조정이 의지했다. 사대교린은 그의 손을 거쳐 이루어졌다. 어린 조카를 밀어내고 왕위에 오른 세조가 명나라로부터 신임을 받고 이반되는 민심을 잡기 위한 각종 정책을 마련할 때 신숙주의 탁월한 능력은 늘 힘이 됐다. 세조는 물론 예종과 성종 때 조정이 필요로 하는 정권유지를 위한 이론적인 기반은 신숙주에게서 나왔다.

: 후대의 평가

신숙주의 졸기를 기록한 실록은 이런 신숙주를 높이 평가하고도 결정적인 아쉬움을 감추지 않는다. 임금의 말에는 그저 순종하고 형량이 잘못돼도 바꾸지 못하는 사람이라는 평가가 바로 그것이다.

집현전 출신으로 당대 최고의 학자였던 신숙주는 선비가 가장 경계해야 할 하나를 지키지 못한 것이다. 조선의 선비는 옳고 그름을 따질 줄 알아야 하고 바른 일을 위해서는 목숨을 아까워하지 않아야 했다. 신숙주는 그런 신념이 부족한 사람으로 비쳐진다. 조선의 제대로 된 선비들은 '예쓰맨'은 선비로 보지 않았다. 신숙주가 비하된 결정적인 이유이다.

최고 권력자에 대한 충성과, 아니라고 말할 수 있는 충언 사이의 갈등 속에서 신숙주는 1인자에 대해서만은 충성으로 일관했다. 세조는 신숙주를 위징으로 한명회를 장자방으로 비유하며 스스로 당태종이고 싶어 했다. 하지만 안타깝게도 현실은 그렇지 못했다. 위징은 당태종의 신하로 죽는 순간까지 태종의 경계심을 자극하며 쓴 소리를 아끼지 않았던 충직한 신하였다. 당태종은 권력을 잡은 이후 숙청이라는 피바람도, 권력을 나누는 잔치도 만들지 않았다. 대신 인재를 폭넓게 등용해 자신과 손을 잡고 천하를 잡은 공신들 세력과 물 타기를 했다.

당태종이 널리 구한 인재 중의 한 사람이 위징이다. 위징은 꼬장꼬장한 자세로 태종에게 직언을 했고 그의 직언에 천하의 당태종도 참지 못해 오히려 위징을 죽여버리겠다고 벼르기도 했다. 이 대목은 세조에게도, 이후 그의 자손들도 배우고 싶어 했던 대목이나 아쉽게도 그렇게 하지 못했다. 세조가 당태종이 되지 못했듯이 신숙주도 위징이 되지 못했다.

정희왕후 역시 신숙주를 높이 샀다. 예종의 후계자로 자산군을 선택할 때도 귀성군 이준을 귀양 보낼 때도 신숙주는 어김없이 해법을 제시했다.

신숙주가 자연재해가 심한 것을 자신의 탓으로 돌려 사직을 청하였을 때 대비는 조정의 중책을 맡길 사람이 없다는 말로 반려한다. 정희왕후에게 신숙주는 정책 결정을 위해 자문을 구해야 하는 둘도 없는 책사였다.

왕실과 공신들이 공존해야 할 때 신숙주는 늘 해법을 찾아냈다. 당대의 사관들은 비교적 높은 평가를 내렸지만 역사라는 긴 흐름은 인색해진다. 그토록 높은 학식을 가진 인재가 그 능력을 당대의 정권 유지에만 사용했음에 대한 아쉬움이다. 귀성군 이준을 귀양 보내기 위해 세조시대에 이미 일단락됐던 궁녀의 연서사건을 꺼냈던 신숙주. 그의 학식과 인간됨됨이와는 도무지 어울리지 않는 정권 유지 방편이었다. 신숙주에 대한 기대감은 이런 아쉬움 때문에 실망스러웠고 그 실망은 변절자라는 오명을 씌우며 필요 이상으로 그를 평가절하 했다.

●● 신숙주 묘

신숙주의 꿈은 무엇이었을까?

태릉에서 별내를 거쳐 의정부 고산동에 있는 신숙주의 묘를 찾으며 떠오른 궁금증이다. 우리 역사를 통틀어 그만큼 학문의 경지와 높은 벼슬을 가진 사람은 없을 것이다. 그럼에도 매일 새벽 일어나면 책을 펼치며 학업에 정진했다는 신숙주. 그의 묘는 그런 일관된 자세를 보여주듯 단정하다.

먼저 떠난 부인 윤씨와 나란히 묻혀 있는 묘소는 왼편이 부인 윤씨의 묘라는 부좌(祔左)라는 소개가 비문에 담겨 있다. 부용산 아래 자리 잡은 신숙주 묘소에서 느껴지는 조용한 느낌은 그의 삶속에서 찾은 코드이기도 하다.

변절자로 낙인 찍혔지만 그는 변절을 위해 먼저 서두른 사람이 아니다. 조용히 찾아오는 운명을 거역하지 않았을 뿐이다. 하찮은 여성의 목숨도 소중하게 여길 줄 알았고 외교 현장이나 전투에서 배짱을 튕길 줄도 알았지만 권력쟁취를 위해 명운을 거는 스타일은 아니었다. 그럴 필요가 없었다. 집권세력들이 찾아오게 돼 있는 인재였기 때문이다. 평생 동지였던 한명회와 다른 점이다. 그런 인재에 대한 기대가 채워지지 않고 실망으로 바뀌면서 그에게 변절자의 덫을 씌웠는지도 모른다.

신숙주가 신하의 나라를 만들고자 했던 정도전이나 끊임없이 경장(更張)을 외쳤던 율곡 이이의 원대한 꿈을 가졌다면 성종대의 역사는 조금 달라지지 않았을까? 귀성군 이준을 옭아매기 위해 세조의 후궁, 덕중의 연서를 꺼내거나 하급관리들의 로비를 받다가 들켜 변명을 하며 분경금지를 없애야 한다고 궁색한 논리를 제공하는 모습은 남기지 않았을 것이다.

그의 묘에서 용암산 수리봉을 넘으면 세조와 정희왕후가 묻혀 있는 광릉이다. 자신을 찾아온 세조와, 세조의 업보를 고스란히 겪으며 수렴청정을 한 정희왕후를 위해 생전에 그랬듯이 죽어서도 힘이 되고 있다.

신숙주묘의 전경과 마을이 내려다 보니는 사진–부인과 나란히 자리한 신숙주의 묘는 그의 성품처럼 정갈하다. 왼쪽이 부인묘이고 오른쪽이 신숙주묘이다. 묘주변을 장식하는 기념비들은 신숙주에 대한 평가를 비켜가려는 듯 한글창제에의 역할을 강조하고 있다. 묘에서 느껴지는 단아한 느낌은 멀리 보이는 마을처럼 평화롭다. 왜일까?

상생이란 이런 것?

세종시대 명재상으로 일컬어지는 황희와 맹사성. 세조의 위징과 장자방인 신숙주와 한명회.

성군이었던 세종의 신하인 황희와 맹사성은 명재상이란 타이틀을 얻고 긍정의 아이콘이 되고 있다. 반면 세조를 만난 신숙주와 한명회는 변절자와 권력남용자로 그려지고 있다. 자세히 들여다보면 황희와 맹사성에도 오점이 있고 신숙주와 한명회에게서도 장점을 찾을 수 있으니 획일적인 잣대보다는 조금 열린 자세로 인물들을 볼 필요가 있다.

황희는 18년간이나 영의정으로 있으면서 세종을 뒷받침한 인물이다. 황희의 주요 치적은 문물제도의 정비와 같은 법과 제도 분야. 반면 우의정을 지낸 맹사성은 예술분야에 족적을 남긴다. 그런데 청백리 이미지에 너그러운 인품을 지녔다고 알려진 이 재상들에게 이런 기록이 남아있다.

1427년 황희의 사위 서달은 온천을 하기 위해 다니러간 온양 땅에서 자신에게 예를 갖추지 않은 한 아전을 잡아 닦달을 하려고 했다. 서달의 종들은 문제의 아전을 잡기 위해 길에서 만난 한 아전을 잡아 족치게 된다. 이를 보고 있던 표운평이라는 아전이 영문을 물으며 말리려 들자 서달의 종들은 표운평을 끌고 서달에게로 가게 된다.

영문을 알지 못한 채 서달 앞으로 온 표운평은 당황하여 묻는 말에 대답을 제대로 못했고 이에 더 격분한 서달은 몰매를 가해 표운평을 죽게 만든다. 이 사건은 표운평의 아내가 관가에 고발하면서 수면위로 올라온다.

사위의 난처한 입장을 알게 된 황희는 온양이 고향인 맹사성에게 사건의 무마를 부탁한다. 황희의 말을 들은 맹사성은 즉시 고향 현감에게 부탁하는 등 발 빠르게 움직인다. 덕분에 표운평 사건은 서달의 종들이 죄를 뒤집어쓰는 것으로 결론이 난다.

이때의 임금은 성군 세종. 보고 된 조서를 읽다 뭔가 찜찜함을 느꼈는지 재수사를 명하고 그 결과 황희와 맹사성의 결탁이 드러나게 된다. 이 사건으로 황희와 맹사성은 파면된다.

한명회와 신숙주 역시 허물이 많다. 출세를 원하는 지방 관리들의 로비를 대놓고 받으면서 이를 금할 수 있는 장치인 분경제도를 없애야 한다고 주청하는 모습은 권력에 맛들인 사람들의 속내를 여실히 보여준다.

하지만 동지애적인 입장에서 보면 참으로 신기한 부분이 많다. 세조와 함께 술을 먹다 일어난 유명한 이야기 중 하나다. 술에 취해 세조가 시키는 대로 세조의 팔을 비명이 나도록 비튼 신숙주. 주상의 옥체에 손을 대어 비명이 나게 한 다음 찾아올 수 있는 비극은 한명회의 기지로 피하게 된다. 아무리 많은 술을 마셨어도 매일 새벽 일어나 책을 읽는 신숙주의 학습욕은 널리 알려져 있었다. 한명회는 이런 습관을 활용해 신숙주를 위기에서 구해준다. 문제의 일이 있었던 다음 날, 사람을 보내 일어나지 말고 그냥 자라는 귀뜸을 넣어준다. 덕분에 신숙주를 염탐한 세조는 신숙주가 인사불성으로 취한 것으로 믿고 문제 삼지 않았다.

정난이 성공하기까지 세조는 한명회에게 많이 기댔지만 정난 후에는 신숙주에 기대는 면이 많았다. 당대의 석학이었던 신숙주는 외교 문제에 특히 밝아 중국으로 가는 문서는 그의 손을 거치지 않은 것이 없을 정도였다. 신숙주의 맏아들과 한명회의 맏딸이 결혼, 둘은 사돈 간이기도 했지만 한명회의 입장에서 보면 고까울 수 있었다. 하지만 한명회는 자신의 부족한 부분을 채워주는 신숙주를 통해 오히려 영향력을 확대했다.

내게 부족한 부분을 타인의 힘을 빌려 채우고 타인이 부족한 부분은 내 힘을 빌려주어 채우며 서로를 밀어 주는 것. 이것이 상생이라면 신숙주와 한명회는 문자 그대로 상생의 표본이었다. 세종대 황희와 맹사성이 서로 다른 영역에서 세종을 도왔던 것처럼 말이다.

장점도 있고 단점도 있지만 이들을 갈리게 하는 가장 큰 대목은 그들이 모신 지존(至尊)과 역사를 대하는 자세에 있었다. 태종실록이 완료됐을 때 아버지의 피비린 내 나는 역사를 알고 있는 세종은 실록편찬 책임자 맹사성에게 열람을 부탁했다. 이 때 맹사성은 두 가지 이유를 들어 반대의 뜻을 표한다. 하나는 왕이 실록을 보고 고치게 되면 후세에 이를 본받게 되는 일이 생길 것이고 또 하나는 실록을 기록하는 사관(史官)이 두려워서 그 직무를 수행할 수 없다는 점이었다. 맹사성의 이런 소신을 비슷한 성향의 신숙주는 갖지 못했다.

양녕대군의 폐세자를 결정한 태종에 맞서 반대하다 귀양을 갔던 황희의 기개를 한명회에게서는 찾을 수 없다. 결정적인 차이다.

14장

적개공신을 잃다

: 엄친아 이준

　귀성군 이준은 요즘말로 엄친아였다. 세조의 친동생인 임영대군의 둘째 아들인 그는 무과에 급제해 조선 역사상 최연소인 28살에 영의정에 오른 특별한 인물이다.

　사람됨이 차분하고 조용한데다 활도 잘 쏘는 등 믿음직해 세조는 이준을 큰 인물로 여기고 지극히 아꼈다. 그의 승승장구 비결은 이시애의 난을 진압한 공로와 새로운 세력을 키우려는 세조의 의도가 맞아 떨어진데 있었다. 이준은 그러나 출세의 속도만큼 빨리 무너져 내려야 했다. 세조 11년(1465) 9월 4일 환관 최호와 김중호는 참으로 난처한 일로 문책을 당한다. 연서(戀書)를 잘못 전달한 것이다. 편지는 궁인 덕중이 귀성군 이준을 연모하여 전달해달라는 것이었다. 덕중은 세조의 자식까지 낳았던 후궁이다. 환관의 입장에서는 거절하기 힘든 상대였다. 편지의 수신인, 이준은 기겁을 하고 아버지 임영대군과 함께 궁궐로 쫓아와 세조에게 머리를 조아린다. 연서를 전달한 환관들과 덕중 모두 이 사건으로 목숨을 내놓아야 했다.

귀성군 이준은 임금의 여인이 목숨을 걸고 편지를 쓸 만큼 멋이 있었다. 신하들은 연서가 어제 오늘일이 아닐 것이라며 이준까지 국문할 것을 요청하였으나 세조는 의심하지 않았다. 오히려 연서 사건을 둘러싸고 여러 사람이 목숨을 잃어 백성들이 두려운 마음을 품을 것을 걱정했다. "이준이 부화뇌동하지 않고 찾아와 준 것은 상을 주어야 할 텐데 어찌 벌을 주겠느냐"며 단호하게 대처한다.

세조의 이 같은 엄호는 왕권을 위협하는 세력이 없고 그런 염려 또한 없을 때는 가능했다. 정통성이 약한 임금일수록 잘난 왕족은 견제 대상이었다. 세조 때부터 이준에게 역모죄를 뒤집어씌우려 했던 공신세력들은 세조의 신임만큼 그를 시기했고 두려워했다. 3순위였지만 왕의 자리에 오른 어린 성종의 정통성은 언제라도 금이 갈 수 있었다. 더욱이 단종을 몰아내고 세조를 옹립했던 공신들은 그 느낌을 알고도 남았다. 눈엣가시 귀성군 이준을 내몰기 위해 호시탐탐 기회를 노리던 이들에게 드디어 때가 왔다.

성종 1년(1470) 1월 2일. 직산 생원 김윤생으로부터 고발 하나가 접수된다. 고발 내용은 전 직장(直長), 최세호가 했다는 말로 귀성군이 왕위에 오를만한 인물이라고 했다는 내용이다.

초저녁에 직산(稷山) 사람 생원(生員) 김윤생(金允生)이 별시위(別侍衛) 윤경의(尹敬義)와 더불어 승정원(承政院)에 나아와서 소간(小簡)을 바치니, 승정원에서 아뢰었다. 그 서신(書信)에 이르기를,

　　"신(臣)이 지난해 중동(仲冬)에 서울에 들어와서 성균관(成均館)에 가서 글을 읽고 있었는데, 신(臣)이 전 직장(直長) 최세호(崔世豪)를 그 집에 가서 보았더니 최세호가 말하기를, '나와 너는 향리(鄕里)가 같으므로 서로 안지가 오래되었는데, 나의 두 아우를 어찌 가르치지 않는가?'하므로, 신이 대답하기를, '내가 지금 서울에 온 까닭으로 그대로 시행하지 못한 것이다'하니, 최세호가 귀에 입을 대고 은밀히 말하기를, '우리 가문(家門)은 멸시(蔑視)할 수가 없다. 우리 귀성군(龜城君)은 왕손(王孫)이 아닌가? 숙부(叔父) 길창군(吉昌君)이 나에게 말하기를, 「귀성군(龜城君)은 건장(健壯)하고 지혜가 있으니 신기(神器)를 주관할 만한 사람이다.」라고 했다. 지금 어린 임금을 세웠으니 나라의 복은 아닌데, 어찌 왕위(王位)의 결정을 잘못했을까? 만약 내가 용사(用事) 했다면 이와 같지는 않았을 것이다. 그대는 이 말을 듣고는 침묵을 지켜야만 한다'고 했습니다. 신(臣)은 이 말을 듣고서는 참고 견딜 수가 없으므로 곧 달려와서 아뢰니, 전하(殿下)께서는 조속히 도모하소서. 신이 불충(不忠)한 말을 듣고서도 말하지 않는다면 죄가 그와 같게 될 것이므로 삼가 아룁니다."

이미 쳐놓은 그물에 걸린 것 같은 제보였다. 성종은 어렸지만 즉각 반응을 보였다. 원상 한명회, 구치관과 승지 이극증 등을 불러서 최세호를 잡아들여 추국하라 일렀다. 쉽게 자복하지 않는 최세호 추문에는 이웃까지 동원됐고 밤이 삼경에 이르도록 계속됐다. 이 날 사건이 있고 5일 뒤에는 경기도 부평에 살고 있는 사노 석년이라는 자가 김치운과 박말동이 임금에 대한 불경한 말을 하였다고 고한다.

석년의 말인즉슨 "김치운과 박말동은 귀성군같이 장년이 된 사람이 임금이 되었으면 지금처럼 산릉의 역사가 고통스럽지 않을 것이다"고 얘기했다는 것이다. 이 정도로도 그림은 그려졌다. 그러나 실체는 없고 의견만 피력한 것으로 귀성군 이준을 옭아매기는 다소 부담스러운 듯 과거 덕중의 연서 사건이 다시 튀어 나온다. 신숙주는 정희왕후에게 귀성군 이준은 세조 때도 나인과 통하여 그 죄를 용서할 수 없는데도 세조가 감싸주어 오늘에 이르렀음을 상기시킨다. 신숙주의 입장에서도 세조가 아끼었던 인물을 벌하는 것은 부담스런 일이었지만 상대는 군사를 동원할 수 있는 무인출신이었다.

신숙주는 이시애의 난을 진압한 이준의 공로는 인정하지만 더 이상 지킬 수 없는 지경이 되었다고 쐐기를 박는다. 이준을 서인으로 삼아 외방에 유배시키라는 구체적인 계획과 함께 '이것이 사실은 왕위를 보전시키는 것'이라는 말로 정희왕후가 승낙하지 않을 수 없게 한다.

: 이준에게 벌을 내리다

결론을 말하자면 이준은 죄가 없었다. 죄가 있다면 잘났다는 것일 뿐
이리라. 대왕대비 정희왕후는 고개를 흔든다. 아들 예종이 남이를 역적
으로 몰아세울 때 얼마나 조마조마 했었던가. 세조가 남이와 이준을 발
탁한 이유를 정희왕후는 알고 있었다. 그런데 남이에 이어 이준 마저 ⋯.

세조가 이미 사실이 아니라고 논한 일로 죄를 줄 수는 없었다. 게다가
세조가 살아생전 이준에게 베푼 사랑을 기억하기에 쉽게 받아들일 수
없었다. 세조의 뜻은 정희왕후가 어떤 결정을 내릴 때마다 그 기준이 되
곤 했다. 그러나 신하들은 집요했다. 문제 발생 이후 연일 이준에게 죄를
줘야 한다는 주청이 올라오고 있었다. 사헌부는 물론 대간들까지 나서
결단을 촉구했다. 왕위를 찬탈해본 경험이 있는 신하들은 권력의 생리
를 꿰뚫고 있었다. 그들은 대비 역시 같은 걱정을 하고 있으리라고 믿었
다. 위험이 되는 싹은 미리 자르고 보는 것이 현명하다. 정희왕후는 다시
금 불편한 선택을 해야 했다.

성종 1년(1470), 김윤생의 고발이 있은 지 보름도 되지 않은 1월 14일
귀성군 이준은 경상도 영해에 안치된다. 정희왕후와 같은 배를 탄 신하
들의 기획사건이었지만 정희왕후의 입장은 좀 달랐다. 문무 2품 이상의
관원을 대궐 뜰에 모아놓고 귀성군 이준에게 벌을 내리던 날, 정희왕후
는 여러 가지 이유를 들며 주춤거린다.

⋯ 대비(大妃)가 말하기를,

"귀성은 세조께서 돌보아 사랑한 사람인데, 지금 밖에 쫓는다면 아마 세조의 뜻에 어긋날 듯하다" 하니 신숙주가 아뢰기를, "준이 세조 조에 있으면서 큰 죄를 범했는데도, 세조께서 임영대군을 우애하여 차마 법에 처하지 못했던 것인데, 만약 오늘날에 있었다면 세조도 또한 용서할 수가 없었을 것이니, 법으로써 빨리 결단하소서" 하였다. 대비가 말하기를, "내가 마지못해서 힘써 따르게 되니, 경(卿) 등은 잘 처리하라" 하니 신숙주가 아뢰기를, "신(臣)들이 마땅히 밖에 나가서 의논하여 아뢰겠습니다" 하였다.

드디어 물러가서 함께 의논하여 서면(書面)으로 아뢰기를, "준은 공신(功臣)의 명부에서 이름을 삭제(削除)하고 직첩(職牒)을 회수하고, 경상도(慶尙道)의 영해(寧海)에 안치(安置)하고, 가산(家産)을 적몰(籍沒) 시키소서" 하니 전교(傳敎)하기를, "마땅히 그로 하여금 안심(安心)하고 떠나도록 할 것이고, 가산까지 적몰할 수는 없다" 하고, 이어서 '적몰 가산(籍沒家産)'이란 4자(字)는 지워 버렸다.

또 전교(傳敎)하기를, "식물(食物)을 갖추어 주는 일과 방호(防護)하는 절목(節目)을 곡진히 의논하여 아뢰라" 하니 신숙주 등이 또 서면(書面)으로 아뢰기를, "의금부(義禁府)의 낭청(郞廳) 2인과 부장(部將) 1인이 나장(羅將) 2인과 군사 20인을 거느리고 압행(押行) 호송(護送)하여 안치(安置)하는 곳에 도착하고, 관청에서

양미(糧米)와 식물(食物)을 주도록 하소서" 하니 전교(傳教)하기
를, "좋다" 하였다.

어린 성종의 왕권안정이 지상 최대의 목표였지만 정희왕후는 흔들렸
다. 귀성군 이준이 누구인가? 남편 세조가 총애했던 인물이다. 세조가
최연소 영의정으로까지 앉히면서 이준을 총애한 속마음을 정희왕후는
헤아리고도 남았다.

: 적개공신

세조에게 한명회와 신숙주를 비롯한 정난공신들은 목숨을 걸고 권력
을 함께 쟁취한 동지였지만 때로는 위협적인 존재였다. 돈과 권세를 앞
세운 정난공신들의 세력 확장은 무서운 속도였다. 특히 한명회의 집 앞
은 문전성시를 이루었다. 궁궐을 나서면 권력은 공신들 차지였다. 세조
가 이들 공신을 견제하기 위해 등용시킨 인물들이 왕가의 혈통들. 귀성
군 이준과 남이가 대표적인 인물이었다. 세조의 이런 속내는 '이시애의
난' 때 그 모습을 드러낸다.

이시애의 난은 세조 13년(1467) 5월에 일어났다. 이시애는 난을 일으
키면서 일대파장을 몰고 올 트릭을 쓴다. 그는 우선 부정부패의 전형적
인 인물로 통한 데다 함경도민을 괴롭혀 악명이 높던 함경도 병마절제
사 강효문을 죽여 난의 명분으로 삼는다. 그리고는 조정에 "강효문이 신

숙주, 한명회와 역모를 꾀했다"고 상소를 올렸다. 상소문의 진위를 떠나 두 사람의 이름을 거론한 것만으로도 엄청난 파장이 일었다.

신숙주와 한명회가 이시애의 난에 연루돼있다는 의혹을 세조에게 직접 아뢴 이는 청백리로 알려진 구치관. 청백리 구치관의 눈에 필요 이상으로 영화를 누리는 공신들의 모습은 좋게 보였을 리 없다. 특히 그는 신숙주와 사이가 좋지 않았던 것으로 알려져 있다. 12년 전 자신과 목숨을 걸고 난을 일으켰던 한명회와 자신이 아끼는 신하 신숙주가 역모사건에 이름이 올라왔다. 세조는 신숙주와 한명회를 제쳐두고 귀성군 이준, 남이, 유자광 등 젊은 인물들에게 반란군 진압의 선봉을 맡긴다. 어쩌면 세조는 '올 것이 왔다'는 마음으로 대응전략을 수립했는지도 모른다.

한명회와 신숙주가 누명을 벗고 옛 자리로 돌아간 후에도 세조는 마음을 감추지 않는다. 난을 진압한 젊은 왕실 인재들을 적개공신에 책봉한다. 단골 공신 신숙주와 한명회는 이 공신 책봉에는 빠진다. 훈구공신들 일색이던 조정에 젊은 피가 수혈됐다. 반란이라는 계기가 있었지만 이는 훈구공신들의 커가는 세력을 견제한 세조의 전략이기도 했다. 어느 임금이나 마찬가지이겠지만 세조에게도 가장 큰 과제는 세자가 자신의 뒤를 이어 왕위에 올랐을 때 안정된 정치를 할 수 있게 틀을 만드는 것이었다. 권력은 비대해지고 처세는 노련해진 훈구대신들은 세자에게는 걸림돌이 될 수 있다. 세조는 갖은 노력을 다해 세자에게 젊은 왕실 인재들을 붙여두려고 했다. 세조의 이런 노력이 커지는 것과 비례해 훈구대신들의 위기의식과 경계심 또한 커져갔다. 세조의 견제 정치는 귀성군 이준을 영의정으로 남이를 병조판서로 기용하면서 구체화된다.

　28살의 영의정 귀성군 이준. 조선 역사를 통틀어 최연소 영의정은 이렇게 탄생했다. 28살 영의정에 대한 질투의 시선도 많았다. 특히 남이는 세조의 면전에서 이준을 지나치게 총애하는 것을 그르게 여긴다고 할 정도로 불만을 표했다. 덕분에 남이는 옥살이까지 하지만 세조는 귀성군 이준을 총애하지 않을 수 없다는 말로 무한 신뢰를 보인다. 젊은 피를 수혈하면서 신숙주와 한명회에게는 원상이라는 자리를 만들어 세자와 함께 국정을 논의하여 처리하도록 했다. 하지만 공신들은 '지는 해'가 될 것 같은 두려움을 갖지 않을 수 없었다. 그들은 이준을 옭아매어 귀양을 보내는 것으로 그 두려움을 떨어낼 수 있었다.

: 남이, 덫에 걸리다

　균형이란 원래 긴장의 연속. 세조가 균형을 잡기 위해 만들어 놓은 장치 역시 아슬아슬했다. 균형 장치가 오히려 균열을 가져와 훈구대신들에게 좋은 빌미만 제공했다.

　우선 예종부터 아버지 세조가 총애하는 귀성군 이준을 쉽게 받아들이지 못했다. 나이는 9살이나 많은 사촌 형이었지만 엄친아와 같은 귀성군 이준을 좋아하고 따르기는 힘들었다. 드러내놓고 미워할 수는 없었지만 질투할 수밖에 없었다. 남이 역시 이준이 껄끄럽기는 마찬가지였다. 항렬로는 자신이 조카 벌이었지만 동갑내기였다. 거칠 것 없는 열혈남아 남이는 자신을 병조판서라는 파격적인 자리를 준 세조가 이준에게는 더 파격적인 영의정을 준 것이 몹시 서운했다. 이준은 도총관으로 지시만 내렸을 뿐이고 실제 싸움터에서 용맹을 떨친 사람은 남이 자신이었다. 야속하기 그지없었다.

젊은 인재들의 이 불편한 관계는 팽팽한 긴장의 줄을 흔들어버린다. 남이의 역모사건이 바로 그것이었다. 이시애의 난을 평정한 것은 물론, 건주야인까지 토벌한 후 남이는 출세가도를 달렸다. 귀성군 이준보다는 못했지만 적개공신 1등에 책록된 후 공조판서가 되었다. 이어 오위도총 부도총관을 겸하는가 싶더니 병조판서에까지 올랐다.

한명회, 신숙주라는 노련한 정치인들이 이 젊은 화근을 그냥 둘 리 없었다. 그들은 예종이 남이를 그리 좋아하지 않는다는 사실을 일찌감치 알고 있었다. 훈구대신들이 나서 남이가 병조판서를 수행할 능력이 없다고 비난했다. 신하들의 의견을 경청한 예종은 마치 기다렸다는 듯이 남이를 병조판서에서 해임시키고 전직이었던 겸사복장직으로 좌천시킨다.

이런 일련의 사태가 일어난 날은 다름 아닌 예종이 임금에 오른 첫날이다. 1468년 9월 7일, 이 날을 기록한 실록의 첫 장면은 '혜성이 나타나다'이다. 왕이 등극하는 날 혜성이 나타났다는 것은 뭔가 좋지 않은 징조가 있다는 암시로 해석될 수 있는 일이다. 혜성은 이후로도 예종 즉위년의 기록에 자주 나타나 젊은 왕의 불행을 예고한다.

벼슬이 강등되어 시름에 차 있던 남이는 혜성이 나타나는 광경을 보고 그냥 지나치지 못했다. 유자광을 찾아가 "혜성이 나타났다는 것은 묵은 것을 몰아내고 새로운 것을 받아들일 징조"라고 한 마디 훅 던졌다. 남이가 유자광을 찾아간 데는 여러 가지 복선이 있었다. 서자출신이라 제대로 대접을 받지 못하는 유자광이었다. 신분 때문에 속으로 불만이 그득 차 있을 그를 자기 사람으로 만들어 그 지략을 얻고 싶었던 마음이 한편 구석에 자리를 잡고 있었다. 세조가 그랬듯 정상적인 방법으로는 출세가도를 달리기 힘든 사람이라야 비주류의 세력 확대에 관심을 보인다. 남이 또한 그런 생리를 잘 알고 있었다.

유자광은 이 말을 놓치지 않았다. 서출인 자신과는 비교도 되지 않는 배경을 지닌 남이한테 뒤틀려있던 유자광은 혜성을 운운한 말을 '역모를 꾀하고 있다'고 포장해 예종에게 고한다. 이 날은 예종 즉위년(1468) 10월 24일. 예종이 왕이 되고 한 달하고 보름 정도밖에 지나지 않은 때였다. 유자광은 새로운 것을 받아들일 징조라는 언급에 때를 이용하여 왕이 경복궁으로 옮기는 시간을 기다려 거사하겠다는 말을 집어넣었다. 수사는 남이의 측근 민서, 문효량까지 잡아들이며 그 폭을 확대한다. 버텨봐야 소용없다고 직감한 남이 역시 죄를 시인해버리고 처형된다.

이 사건으로 왕실의 젊은 피, 한 축은 무너져 버린다. 남이는 자백을 통해 귀성군 이준도 죽일 계획이었다고 말한다. 귀성군 이준은 남이의 역모사건 수사에서는 소외당한다. 예종이 그를 신임했다면 그가 사건 처리에서 빠질 수 없었으리라. 남이의 역모사건으로 남이, 문효량과 함께 적개공신의 한 사람이었던 강순도 함정에 빠진다. 남이의 집 종, 막가의 입을 통해 강순이 집을 사기 위해 남이의 집에 들른 것을 확인한 훈구대신들은 강순까지 옭아맨다. 그들의 의도대로 남이는 강순을 끌어들여 함께 처형된다. 남이에 대해 좋지 않은 감정을 가졌던 예종은 "남이의 당류는 씨도 남길 수 없다"는 단호한 의지를 표명한다. 결국 권력구도는 빠르게 정난공신들의 의도대로 정리된다.

강순은 귀성군 이준, 남이와 함께 이시애의 난을 평정한 공로로 적개공신에 오른 새로운 세력이었다. 공신들의 각본에는 강순도 살려두어서는 안될 인물로 분류되었을 것이다. 무력을 동원할 수 있는 무인들에 대한 경계심은 예외가 없었다. 적개공신들의 벌어진 틈을 한명회를 비롯한 훈구대신들은 귀신같이 이용했다. 적개공신들이 힘을 합했다면 훈구대신들이 전횡을 일삼지만은 못했을 것이다.

실록은 남이에게 가혹한 몇 줄의 기록을 남기고 있다. 남이와 그의 부인은 사이가 원만하지 않았다. 세조 14년(1468) 5월 남이는 새로 결혼할 수 있도록 해달라고 상서(上書)한다. 이유는 부인의 어머니에 대한 불효와 지아비에 대한 불순(不順)이었다. 실록은 이 문제에 대해 남이의 어미가 성품이 악독하여 며느리로 하여금 아들과 동침(同枕)하지 못하게 하여, 의논이 분분(紛紛)하였는데, 그 까닭을 알지 못하였다고 남겨놓았다.

남이가 처형되고 난 후 실록은 다시 이런 기사를 싣는다. 남이를 국문했던 한 가까운 친척의 예종 즉위년(1468) 11월 2일의 기록이다.

"남이의 장인〔妻父〕이 신에게 이르기를, '남이가 어떤 사람인가하면, 사람으로서 하지 못할 짓을 하는데, 금수(禽獸)와 무엇이 다른가?'하므로, 신이 그 사건을 물으니, 말하기를, '남이가 그 어미를 간통(姦通)하였다. 더러운 소문이 파다한데 사람이 누군들 알지 못하겠는가?'고 하였습니다. 신이 그것을 듣고 다시 가서 보지 않았습니다."

이런 식의 몰아붙이기는 역모로 옭아맨 이들을 안면수심의 인물로 만들려고 할 때 갖다 붙이는 방법의 하나였다. 이런 괴이한 일까지 끌어내야 할 만큼 남이의 옥사는 과한 부분이 있었다.

남이의 옥사로 귀성군 이준은 힘을 잃었지만 그에 대한 견제까지 사라지지는 않았다. 게다가 전폭적이지는 않았지만 의지할 수는 있었던 예종이 재위 1년 4개월 만에 세상을 하직하자 그는 조심하고 또 조심했다. 그러나 마치 정해진 운명처럼 자신을 향해 다가오는 압박을 벗어나지 못했다. 남이 역시 귀성군 이준처럼 무인출신이다. 남이는 이준처럼 신중하지 못했기에 위험수위는 더 높았다. 문제의 남이를 처형하고도 이준까지 옭아맨 것은 이준의 남다름도 한몫했다. 영의정까지 지낸 귀성군은 계유정난 때의 수양대군을 떠올리기에 충분했다.

남이는 처형되고 귀성군 이준은 유배생활 10년 만에 세상을 떠난다. 각기 서로 다른 이유로 서로를 인정하고 힘을 합하지 못했던 왕실의 젊은 피들은 이렇게 떠나고 만다. 귀성군은 후대에 와서 신원은 되지만 이후 종친의 정계진출은 법으로 금지되었다. 이준과 남이라는 견제카드가 사라진 조정은 세조의 집권을 도왔던 공신들의 독무대가 된다. 원상이 되어 정희왕후의 수렴청정 자문 역할을 한 이들도 공신들이었다. 이들은 자문기구였지만 자문 이상의 힘을 발휘했다. 왕위 선택부터 그들에게 의존했고 집권 초반 왕권의 안정을 이루기까지도 그들의 힘을 필요로 했다. 정희왕후는 소리 없는 한숨을 내쉬어야 했다. 이제 공신들을 견제할 카드는 없어졌다. 세조가 만들었던 훈구대신 견제용 첫 카드를 잃어버린 정희왕후는 공신들과의 공조를 더욱 돈독하게 할 수밖에 없었다.

홍문관을 통해 성종이 신진세력을 키우는 작업은 정희왕후가 수렴을 거둔 뒤에 시작된다. 성년이 된 성종이 장서각 기능만 담당하던 홍문관에 학술과 언론기능을 부여한 것은 그만큼 새로운 인재가 절실했다는 반증이다. 세종이 집현전을 통해 인재를 양성했듯이 성종은 홍문관을 통해 신진세력들을 길러낸다. 성년이 되기까지의 공백은 대비의 몫이었다. 이준과 남이가 빠진 조정은 그들의 무게만큼 정희왕후를 무겁게 했다.

: 유자광은 간신이었는가?

실록에서 유자광이 펼친 주장을 읽어보면 그의 논리와 배짱에 놀라게 된다. '이시애의 난' 소식을 듣고 밥 먹다말고 수저를 버리고 나섰다는 그의 상소를 보면 보는 이들의 심장까지 뛰게 만드는 힘이 있다. 세조 13

년(1467) 6월 14일 또다시 찾아온 역모, 이시애의 난에 고민하던 세조의 속을 후련하게 한 상소의 일부이다.

··· 어찌 이제까지는 한 장사(將士)도 이시애(李施愛)의 머리를 참(斬)하여서 서울에 바치는 이가 없습니까? ··· 신이 망령되이 이르거니와, 이제 장수가 된 자는 바로 부귀(富貴)를 극진하지 않음이 없는데, 죽고 사는 것을 두려워하여 두류(逗遛)하고 진격하지 않으며, 하는 것 없이 지구(持久)하고, 서로 이르기를, '이제 하월(夏月)을 당하여 궁력(弓力)이 해이하기 쉽고, 빗물이 바야흐로 막히고, 산천이 험조(險阻)하며, 초목이 무성하니, 경솔하게 진격할 수 없으며, 또 경솔하게 싸울 수도 없다'고 합니다. 달리는 알지 못합니다마는, 우리만 홀로 여름을 당하고 저는 홀로 당하지 않으며, 우리만 홀로 궁력(弓力)이 해이하여지고 저는 홀로 해이하지 않으며, 우리만 홀로 빗물에 막히고 저는 홀로 막히지 않으며, 우리만 홀로 산천이 험하고 저는 홀로 험하지 않겠습니까? 비유하건대 두 쥐가 굴속에서 함께 다투면 힘이 있는 자가 이기는 것입니다. 전하께서는 어찌 급하게 장사(將士)로 하여금 날을 정하여 전쟁하여서 재화가 깊지 않은 때를 막지 않으십니까? ··· 엎드려 생각하건대, 전하께서는 신을 미천하다 하여 폐하지 마소서. 신은 비록 미천(微賤)하더라도 또한 한 모퉁이에 서서 스스로 싸움을 하여 쾌(快)하게 이시애(李施愛)의 머리를 참(斬)하여 바

칠 수 있기를 원하나이다."

난이 일어난 때가 여름이었기에 진압군 안에서는 여러 가지 불만이 튀어 나왔다. 궁력이 약해졌고 빗물도 넘치는데다가 초목이 무성해 반란군을 쉽게 진압하기 힘들다는 토로를 유자광은 일축했다. 산천이 험하다면 그것은 우리뿐만 아니라 적들도 마찬가지라는 대목과 미천한 신분이지만 이시애의 머리를 바치겠다는 의지로 포장해 세조를 감동시켰다. 세조는 "이 글은 내 뜻에 매우 합당한 진실로 기특한 재목이다. 내 장차 임용하여서, 그 옳은 것을 시행하리라"고 전교한다. 그날의 일을 기록한 실록은 유자광을 이렇게 소개한다.

> 전 부윤(府尹) 유규(柳規)의 얼자(孽子)이니, 효용하고 민첩하여
> 기사(騎射)를 잘하고, 서사(書史)를 알며, 문장을 잘 하였고, 일찍
> 이 큰소리를 하여 기개(氣槪)를 숭상하였다

긍정적인 평가이다. 주어진 상황에 굴하지 않고 부딪치려 했던 유자광의 발상을 보면 그는 시대를 잘못 만난 사람이면서 동시에 시대를 잘 타고난 사람이기도 하다. 유자광은 알려져 있는 것처럼 서자 출신이다. 경주 부윤을 역임한 유규의 서자로 세종 21년(1439)에 태어났다. 한명회와는 24년 차이가 나는 띠 동갑이고 귀성군 이준이나 남이보다는 두 살 많다. 한명회와 신숙주로 대표되는 공신들을 구공신이라고 한다면 이준이

나 남이, 유자광처럼 이시애의 난을 계기로 부상한 적개공신은 신공신으로 분류된다.

신숙주나 귀성군 이준, 남이와 같은 이들은 실력은 물론 집안 배경까지 갖고 있던 인물이다. 유자광은 이들과 달리 타고난 멍에인 서출이라는 넘을 수 없는 벽이 있었다. 그런 면에서 한미한 경덕궁지기에서 수양대군을 만나 꿈을 이룬 한명회와 비슷하다. 한명회가 칠삭둥이로 태어났으나 자라면서 기골이 장대해졌듯이 유자광 역시 외모가 번듯했다.

세조의 후한 평가에도 불구하고 그의 앞날은 그리 순탄하지 못했다. 서얼출신이 임금의 사랑을 받는 것이 못마땅한 신하들은 끊임없이 유자광을 관직에 제수하는 것은 불가하다는 입장을 고수한다. 그럼에도 세조는 그를 주저하지 않고 발탁, 정3품에 해당하는 병조참지에 임명하는 등 애정을 표시한다. 실록은 서얼이 육조낭관에 임명된 것이 이때부터라는 내용을 담아 전한다. 그 때 유자광의 나이는 고작 29세였다. 그나마도 서얼이 상대적으로 덜 차별을 받았던 것은 15세기까지다. 성리학 이념이 견고해지면 해질수록 신분의 벽은 높아져 이후 서얼의 관직진출은 어려워졌다. 서얼은 정조가 '서얼 허통 절목'을 반포해 서얼의 관직진출을 제도적으로 뒷받침하고서야 겨우 숨통을 틀 수 있었다.

: 먹잇감을 좇다

세조가 승하하자 권력으로부터 거리가 멀어진 유자광은 또 한 번의 기회를 잡아야 했다. 그 기회를 제공한 이가 바로 남이다.

남이 사건 이후 익대공신 1등 및 무령군에 녹훈된 그는 끊임없는 촉수를 발휘해 결정적인 순간에 그 진가를 발휘한다. 천하의 한명회를 옭아맨 것도 그다. 정희왕후가 수렴청정 중단 의사를 밝혔을 때 이를 만류하던 한명회는 성종의 입장에서는 받아들이기 힘든 말을 내뱉는 실수 아닌 실수를 한다.

문종조부터 예종조에 이르기까지 변고가 있었으나 성종 즉위 후 무탈할 수 있었던 것은 정희왕후 덕분이라는 한명회의 지적은 틀린 말이 아니었다. 문제는 그 다음이었다. 중궁이 불행하게 되어 수렴을 거둘 시기를 차일피일 미루게 되었다는 정희왕후의 말에 한명회는 중궁이 정해지지 않은 때에 정사를 접지 말라고 간언한다. 그러면서 정희왕후가 정사를 접으면 "맘 편하게 술 한 잔 마실 수 있겠나이까?"라며 의전 상 할 수 있었던 말을 덧붙였다.

벌써 스무 살이 된 성종. 이미 나름대로의 정치를 준비하고 있었다. 한명회의 말은 자신의 능력을 의심하고 있었다. 내심 불쾌했다. 신하들은 그러나 한명회가 두려워 감히 불충한 태도에도 뭐라 말을 못한다.

성종의 이 속내를 읽고 한명회를 몰아붙인 이가 바로 유자광이다. 조정의 권위를 바로잡아야 할 때임을 분명히 하고 아무 말 하지 못하는 삼사를 비난하며 탄핵에 앞장선다. 이런 유자광의 처신은 일석이조 효과로 나타난다. 탄핵이 주 업무였던 대간들은 책임을 느끼고 사직을 청했고 성종이 이를 받아들이지 않자 스스로를 방어하기 위해 강도를 높여 한명회를 탄핵하게 된 것이다. 성종의 친정에 가장 큰 걸림돌이었던 한명회는 이렇게 유자광에 의해 사직상소를 올리게 된다.

유자광의 감각이 진가를 발휘하면 할수록 대간의 반대 또한 계속됐다. 여러 가지 이유가 있었겠지만 서출이라는 태생적인 한계가 가장 큰 이유였으리라. 때문에 누구보다 앞선 정치 감각을 지닌 그는 좌절해야했고 그 때마다 이를 갈아야 했다. 한성부 판윤이나 도총관 같은 실제 권력을 행사하는 자리에 제수되면 여지없이 대간들의 반대에 부딪쳤고 좌절을 맛보아야 했다. 함양 학사루에 걸린 유자광의 시 현판을 내려버리라고 했던 김종직. 김종직의 그런 행동은 서얼출신으로 높은 지위에 올라간 유자광에 대한 비호감이 자리한 것은 물론이다. 유자광을 무시했던 선비들은 훗날 김일손의 사초로 큰 화를 입는다. 스승 김종직이 지은 조의제문을 사초에 올린 김일손의 행위가 먹잇감을 찾고 있던 유자광의 레이더에 또다시 걸려들었다.

조의제문은 항우에게 죽은 초나라 회왕(의제)을 기리는 것으로 단종을 죽인 세조를 의제를 죽인 항우에 비유한 내용이다.

유자광은 타고난 감각으로 조의제문을 사초에 올린 김일손의 의도를 알아챘다. 무오사화를 가져온 비극은 바로 함양 학사루 사건에 대한 유자광의 보복이었던 셈이다. 김종직에 대한 유자광의 응징이었다. 그런 유자광도 자신의 수행원이었던 박성간에 의해 난언을 했다는 이유로 잡혀 옥에 갇히는 위기를 겪었다. 성종 1년(1470) 4월의 일이다. 이 때 유자광은 옥문을 지키는 군사의 옷을 찢어 자신의 결백을 주장하는 적극성을 보인다.

정희왕후 역시 유자광의 입장을 옹호하고 박성언을 의심, 남이 사건 때와는 반대로 박성언을 참형에 처한다. 정희왕후는 남이와 귀성군 이준에 이어 유자광까지 실각하는 것을 경계했는지도 모른다. 한명회에 버금가는 유자광의 촉수도 정희왕후에게는 필요했다.

서얼출신이라는 타고난 한계. 본인의 의지로 어찌할 수 없는 출생 때문에 닦아 놓은 출세 길을 번번이 돌아가거나 제대로 걷지 못했던 한 인간은 이렇게 다른 사람을 희생시켜야만 성장할 수 있었다. 유자광을 간신으로 만든 것은 결국 신분의 벽이라는 시대의 비극이었다. 묘하게도 유자광에게 기회를 준 것 역시 변화무쌍한 시대였다. 무엇이 옳은 길인가를 끝없이 고민하는 대신 유자광은 어떻게 하면 기회를 잡을 수 있을까를 저울질했다. 명분에 집착하기보다는 현실적인 힘의 향배에 관심을 기울였다. 연산군 시절, 무오사화와 갑자사화가 대표적인 사례다.

유자광의 선방으로 스스로 사직을 청해야 했던 대간들이나 김종직을 하늘처럼 받들던 사림세력들은 스승이 싫어했던 유자광에게 간신의 덫을 씌웠다. 그들 역시 명분보다는 자신의 입지가 먼저였다. 자신의 입지를 휘청거리게 한 유자광이 미운 것은 어찌할 수 없었다.

조선 선비들의 찌질한 첩질

바른 길을 고민하고 명분 없는 일을 외면했던 조선 선비들. 대의명분을 중시한 그들이었지만 대의도 명분도 아닌 일로 목숨을 내놓는 어리석음을 보인다. 그 중의 하나가 첩 싸움. 수빈(인수대비)의 동생 한치의가 끼어있던 김초사건이 대표적인 사례다. 이 사건은 추잡하기까지 해 수빈의 얼굴에 먹칠을 하게 된다.

김초는 경상도 도사로 있을 때 안수의 서녀를 첩으로 데리고 있었다. 그러다가 다른 곳으로 발령이 나자 바쁜 업무 때문인지 발령지로 첩을 제 때에 데리고 가지 못했다. 이런 틈을 타 김초와 평소 잘 알고 지내던 한치의가 그 첩을 가로채버렸다. 화가 난 김초는 분노를 삭이지 못해 "한치의가 수빈의 힘을 믿고 자신을 무시한 처사"라고 항변하면서 문제를 더욱 확대시켰다. 김초의 항변처럼 첩을 가로챈 한치의는 누나인 수빈이라는 배경 덕분에 살아나고 김초가 오히려 처형을 당하게 된다.

한치의가 수빈의 동생임을 알고 있는 신하들은 김초의 죄는 반역과 같은 죄라고 연좌제를 적용해야 한다는 요청까지 하고 나선다. 이 때 예종은 죄는 크나 반역에 비할 것은 아니라는 판단을 내리며 연좌제 적용은 거부했지만 신하들의 거듭된 요구에 결국은 김초의 아들까지 사형장으로 나오게 된다. 이 사건을 기록한 사관은 김초나 한치의 모두 변변치 못한 인물임을 기술한다.

김초는 성품이 경망하고 자신의 본처를 박대한 인물로 처형 받는 날 함께 형틀에 매여 나온 아들이 "여색을 좋아한 폐해를 아시겠느냐?"고 할 정도였다. 한치의 역시 친한 사이인 김초의 첩을 빼앗은 인물로 주변에서 그를 경박하게 여겼다고 썼다. 성종 4년(1473) 한치의의 졸기를 적은 사신은 다른 사람의 글을 빌려서 생원시에 합격했다는 사실과 함께 김초와의 사건을 기록해 놓고 있다. 기록은 아주 간단명료하다. 한치의가 광혹한 질병, 즉 미쳐버리자 사람들은 김초가 그를 죽게 하였다고 기록한다. 한치의 역시 말년이 좋지 않았음을 드러내놓고 있다.

첩문제로 권력의 핵심을 건들어 목숨을 내놓아야 했던 김초사건 못지 않는 사건들은 다양하다. 기생 초용갱을 둘러싼 남성들의 싸움은 어이가 없을 정도. 세조 동생들, 즉 세종의 자식들이 초요갱을 차지하기 위해 싸운 것으로 그 이름을 올린다. 왕족들의 마음을 훔친 초요갱은 신자형의 첩이 되는데 신자형의 조카뻘 되는 안계담이 초요갱을 차지하기 위해 신자형의 집을 덮치기까지 한다. 첩을 놓고는 위아래도 없었다. 왕족이고 양반이고 체면을 상실했다.

5부

폐비 윤씨,
화약고가 되다

⋮

성리학을 기반으로 한 유교사회를 건설하려고 했던 조선. 조선은 후대로 갈수록
부부가 유별하다는 차이를 삼종지도(三從之道)와 같은 차별로 매김하며
유독 여성들에게 가혹했다. 폐비 윤씨 사건은 수신제가(修身齊家)가
임금에게도 예외가 아님을 보여준다. 지배층이 원하는 이념이라는 틀에 갇혀
과도하게 대처한 후폭풍은 그토록 지키고자 했던 왕권을 흔들었다.
지나침은 모자람만 못함을 여실히 보여준다.

15장

세종 맏며느리들의 일탈

: 세자빈 스캔들

　문종의 세자 시절 부인이었던 휘빈 김씨와 순빈 봉씨는 자신의 감정에 충실한 열정적인 여성들이었다. 그런 개성이 유교적인 질서가 자리 잡히기를 희망한 세종의 눈에는 아쉽기만 했다.

　세종의 부인 소헌왕후는 태종이 '매양 나뭇가지가 늘어져 아래에까지 미치는 덕이 있다'고 칭찬할 정도로 훌륭한 인품의 소유자이다. 게다가 '부인은 남편을 잃어도 밤에 울지 않아야 한다'고 여기고자 했던 시대는 이들 두 여성을 받아들이지 못했다. 세자 시절 문종의 첫 배우자는 휘빈 김씨였다. 김씨는 공부에만 몰두하느라 자신에게는 관심 없는 문종의 관심을 끌기 위해 다양한 방법을 모색했다. 사극에서 어렵지 않게 볼 수 있는 비방책 동원의 주인공이 바로 김씨이다.

새종실록은 세종 11년(1429) 7월 20일 휘빈 김씨를 폐빈하기로 결정한 세종의 하교를 전하고 있다. 세자빈 김씨가 폐빈된 이유는 실록에 낱낱이 올라와 있다. 휘빈은 시녀 호초에게 자문을 얻어 남자에게 사랑받는 술법을 여러 가지 썼다. 방법은 미신 그 자체이다. 남자가 좋아하는 부인의 신발 일부를 베어다가 불에 태워 가루를 만든 다음 술에 타서 남자에게 마시게 하면 남자의 마음이 신발주인을 떠난다는 식이다. 어이없는 방법이었지만 문종의 마음을 얻겠다는 일념으로 휘빈은 이를 실천한다. 문종의 사랑을 뺏어가 버렸던 효동과 덕금, 두 여인의 신발을 가져다가 자기 손으로 베 내어 가지고 있었다. 물론 효험을 얻지는 못했다.

애가 탄 휘빈은 다른 방법을 모색했다. 시녀, 호초로부터 뱀 두 마리가 교접할 때 흘린 정기를 수건으로 닦아서 차고 있으면 남자의 사랑을 받는다는 말까지 듣게 된다. 그러나 이 방법은 시행하기도 전에 시부모인 세종과 소헌왕후의 귀에 들어간다. 휘빈의 이런 기막힌 행보에 대한 소문이 임금의 귀에 들어간 것이다. 세종은 중전 소헌왕후와 함께 시녀들을 불러 확인에 들어간다. 일일이 자복을 받아내고 난 뒤 휘빈을 폐빈하여 서인으로 삼게 한다. 휘빈 김씨는 무관인 아버지 김오문의 영에 따라 사가로 돌아가자마자 사약을 마시고 생을 마감한다. 김오문 역시 부인과 함께 자결한다. 비극은 여기서 끝나지 않았다.

: 동성애 사건

휘빈 김씨에 이어 간택된 순빈 봉씨는 동성애 사건으로 또 다시 폐빈되는 아픔을 겪는다.

세종 18년(1436) 11월 7일 세종은 휘빈을 폐한데 이어 순빈을 또다시 폐하게 된 것을 두고 "나와 세자가 몸소 집안을 올바르게 거느리지 못한 소치"라고 토로하고 있다. 세종의 토로를 읽다보면 어이없게도 순빈이 얼마나 문종의 마음을 사려고 노력 했는지 동정심이 생긴다.

순빈에게 윗 전에서 읽었으면 하는 '열녀전'과 같은 책은 부담스럽기만 했다. 학업에는 큰 관심이 없었다. 순빈의 관심 대상은 오직 문종이었다.

문종의 유모가 죽고 난 뒤 궁궐의 일을 맡게 된 고미를 밤마다 불러 "할미는 어찌 내 뜻을 알지 못하오"라며 세자를 불러 주길 청했다. 이런 간절함에도 불구하고 문종은 늦게까지 일에 몰두했고 일이 끝난 뒤에도 빈궁을 찾지는 않았다. 대신 뜰을 산책하는 등 무심하게 대처해 순빈의 애를 더욱 닳게 했다.

기다림에 지친 탓일까? 허전한 마음을 달랠 길 없던 순빈은 술을 찾기 시작했다. 술은 으레 그렇듯이 과음으로 이어졌다. 어쩌다 문종이 찾을 때면 문종을 향한 마음을 담은 노래를 지어 궐의 여종으로 하여금 부르게 했다.

순빈 봉씨의 솔직함과 당돌함은 문종에게 부담스럽기 짝이 없었다. 문종은 순빈의 직설적인 성품에 당황한 듯 "내가 그를 총애한다면 투기하고 사나워져서, 비록 칼날이라도 또한 가리지 않을 것이며, 만약 그 뜻대로 된다면 옛날의 한나라 여후라도 또한 능히 이보다 더하지 못할 것이다"라고 심정을 토할 정도였다. 사랑은 외면당하고 유교적인 윤리에 충실할 것만을 강요하는 궁궐은 숨이 막혔다. 그 와중에 문종의 성은을 입은 승휘 권씨가 임신을 하게 되자 순빈의 사랑은 원망과 분노로 변질된다.

구중궁궐이라는 불편한 공간에서 순빈은 시중을 드는 궁녀 소쌍과의 동성애로 자신을 옥죄는 상처들로부터 탈출을 감행하게 된다. 순빈 봉씨의 일탈 역시 세종 귀에 들어가고 세종은 세자빈 봉씨 역시 폐출시킨다. 세종 18년(1436)의 일이다. 두 명의 세자빈을 폐출한 후 맞이한 빈이 현덕왕후. 바로 승휘 권씨다. 단종을 임신했기에 책봉됐지만 단종을 낳고 산후병으로 안타깝게 세상을 뜬다. 문종의 슬픔이자 조선의 비극이었다.

: 며느리 정희왕후

세조실록은 수양대군의 됨됨이를 부각시키기 위해 수록한 대목에서 부인 윤씨의 성품도 함께 보여주고 있다. 세조실록에는 수양대군을 칭찬하는 소헌왕후의 이야기를 실으며 정희왕후에 대한 대목도 집어넣는다.

… 정월에 소헌 왕후(昭憲王后)가 모든 아들에게 가르치기를,

"첩(妾)을 대함에 있어 정적(正嫡)에 견줄 수 없으며, 의복을 사치해서는 안된다" 하고, 세조의 검소함을 칭찬하며 말하기를, "또 여색에 실덕(失德)한 바도 없다"

하였다 … 소헌 왕후가 몸소 검소한 덕(德)을 행하여 빨래를 하고 물레질(繅繭)을 하였으며, 여러 자부(子婦)들에게 항상 교만과 사치를 경계하여 가르쳤는데, 이용(李瑢)의 아내가 저선(紵線)이 몸에서 떠나지 않으며 또 몸에 차는 완구(玩具) 등의 장식이 화려하여 공주(公主)와 더불어 총애를 다투었으나, 모든 부인들이 감히 더불어 말하지 못하고, 모두 대왕대비(大王大妃)를 가까이하니, 소헌 왕후가 대비에게 이르기를, "모두 네게 의지하고 있으니, 너는 무애(撫愛)하여야 할 것이다" 하였다.

세조실록에 실린 이 글은 물론 세조를 미화하기 위해 등장했다. 거기에 정희왕후까지 끌어들여 안평대군의 아내와 대비시켰다. 정략적인 목표가 있었다. 의도된 홍보였지만 소헌왕후 입장에서는 정희왕후가 가장 맘에 드는 며느리였을 것이다. 맏아들 문종의 빈을 두 번 씩이나 폐출한 세종과 소헌왕후에게 정희왕후는 각별했다. 엄격한 두 사람의 눈을 거스르지 않는 며느리였다.

정희왕후가 세조와 결혼한 것은 세종 10년(1428) 10월 13일. 진평대군이라는 이름을 가지고 있을 때였다. 휘빈과 순빈의 상상을 뛰어 넘는 행

실을 겪으면서 소헌왕후는 정희왕후를 마음으로 의지할 수밖에 없었다.

　세조는 세자로 성장한 문종과 달리 부인을 신뢰했고 사랑했다. 계유정난 당일 정희왕후가 갑옷을 준비해 내어놓을 수 있었던 것은 그간의 계획을 세조가 정희왕후와 의논을 했음을 얘기해준다. 배우자를 대하는 문종과 세조의 대비되는 부분이 용상에 오를 자손들의 운명을 가른 것이다.

16장

시대의 한계에 빠지다

: 비극의 신호탄

연산군 1년(1495) 3월 16일, 이런 글이 연산군 일기에 실려 있다.

왕이 성종(成宗)의 묘지문(墓誌文)을 보고 승정원에 전교하기를,
"이른바 판봉상시사(判奉常寺事) 윤기견(尹起畎)이란 이는 어떤
사람이냐? 혹시 영돈녕(領敦寧) 윤호(尹壕)를 기무(起畝)라 잘못
쓴 것이 아니냐?" 하매, 승지들이 아뢰기를,
"이는 실로 폐비(廢妃) 윤씨(尹氏)의 아버지인데, 윤씨가 왕비
로 책봉되기 전에 죽었습니다" 하였다. 왕이 비로소 윤씨가 죄로
폐위(廢位)되어 죽은 줄을 알고, 수라(水刺)를 들지 않았다.

비극은 이렇게 시작되었다. 역사를 소재로 한 드라마나 소설, 영화에 단골로 출연하는 인물 중의 하나가 성종의 계비, 폐비 윤씨. 어려운 가정에서 태어나 중전의 자리에까지 올랐지만 지아비였던 성종에 의해 폐비가 되고 끝내는 사약으로 삶을 마감해야 했다.

자신을 낳아준 생모가 폐위된 후 사약을 먹고 저세상으로 떠났다는 사실을 접한 연산군은 수라를 들지 못할 정도로 충격을 받았다. 이 사건이 빌미가 되어 폭군 연산군이 만들어졌다. 반석위로 오르는 듯 했던 조선이 뿌리째 흔들릴 수도 있는 위험상황이었다.

: 신분의 수직 상승과 하강

폐비 윤씨는 성종 4년(1473) 3월 19일 숙의에 봉해졌다. 성종의 첫 번째 비인 공혜왕후가 살아 있을 때다. 성종과 공혜왕후 사이에 원자가 없자 후손을 기다리던 정희왕후가 발탁한 것이다.

윤씨가 왕비로 책봉된 것은 공혜왕후의 3년 상이 끝난 성종 7년(1476) 7월. 이 때 윤씨는 임신 중이었다. 임신이 중전 책봉의 가장 큰 힘이었다. 왕비 책봉 뒤 얼마 되지 않아 원자를 낳았으니 그야말로 승승장구였다.

윤씨의 순항은 그러나 여기까지였다. 수직으로 상승한 신분은 윤씨에게 교만을 자져다 주었고 고분고분했던 태도는 건방짐으로 바뀐다. 윤씨의 태도에 대한 정희왕후의 평가는 폐비 윤씨가 왕비가 되기 전과 후가 확 바뀐다.

성종 7년(1476) 8월 9일 윤씨가 중전에 책봉될 때 받은 찬사이다.

   … 대왕 대비(大王大妃)의 의지(懿旨)를 받드니, 궁궐[宮闈]은 주장하는 사람이 없을 수 없으므로 현숙(賢淑)한 자를 간택하여 내정(內政)을 총괄하게 해야 한다고 하셨다. 그대 윤씨(尹氏)는 일찍이 덕행(德行)으로 간선(揀選)되어 오랫동안 궁궐[宮掖]에 거처하면서, 정숙(貞淑)하고 신실(信實)하며 근면하고 검소한데다 몸가짐에 있어서는 겸손하고 공경하였으므로, 삼궁(三宮)에게 총애를 받았다….

이러한 찬사는 성종 13년(1482) 8월 16일 이렇게 바뀌었다. 윤씨의 사사를 둘러싸고 임금에게 전해진 삼전, 즉 세 명의 대비가 작성한 서간에 나온 윤씨에 대한 평가이다.

   … 독약을 가지고 첩(妾)을 죽이려고 하였을 뿐만 아니라 어린 임금을 내세워 뜻을 이루어서 권력을 마음대로 하고자 기(期)하였으니, 항상 스스로 말하기를, '내가 오래 살면 장차 할일이 있다'고 하고, 또한 스스로 상복(喪服)을 입는다고도 하였으며, 장막을 가리키며 말하기를, '소장(素帳)'이라 하고, 주상(主上)에게 말하기를, '그 눈을 빼고, 발자취까지도 없애버리며, 그 팔을 끊어

버리고 싶다'하였으니, 이와 같은 말들을 어찌 이루다 말하겠습니까? … 이제 나라 사람들의 마음에 그의 죄악은 알지 못하고 한갓 부부(夫婦) 사이에서 죄를 지은 줄로만 알 따름이어서, 몰래 돕는 이가 다투어 일어났으니, 장래에 아부하는 무리들이 반드시 옳고 그른 것을 전도(顚倒)하여서 죄 없는 사람을 모함하여 해칠 것입니다. 이제 일이 커지기 전에 미리 막아서 대의(大義)로 단죄(斷罪)함은 참으로 마땅합니다."

정희왕후를 비롯한 삼전의 서신에서 가장 눈에 띄는 대목은 '내가 오래 살면 장차 할일이 있다'이다. 이는 아들이 왕위에 오르면 가만히 있지 않겠다는 뜻으로 해석할 수 있는 말이다. 삼전의 아킬레스건을 건들인 것이다.

뒤집어 얘기하면 그런 악담이 나올 만큼 성종은 중전 윤씨를 대우해 주지 않았다. 예우해야 할 부인을 제대로 예우하지 않아 비극을 만들었던 문종의 사례를 익히 경험했음에도 불구하고.

성종은 윤씨를 중전으로 맞아들인 후에는 중전보다는 다른 후궁들을 찾았다. 고려의 자유분방했던 풍습이 아직 남아있던 이때, 임금의 여성들이라고 해서 고분고분하기는 힘들었다. 더욱이 궁궐에서 그처럼 애타게 찾았던 원자까지 낳아 교만해진 윤씨에게는 좀처럼 받아들이기 힘든 처사였다. 질투를 감추지 못하고 행동으로 표현했다. 비상도 간직하고 주술까지 동원해 성종이 자신만을 봐주길 염원했다. 이런 윤씨의 태도는 하나도 둘도 아닌 셋이나 됐던 세 명의 대비, 삼전의 눈에는 고민거리였다. 특히 시어머니인 소혜왕후(인수대비)는 용납하지 못했다. 그 벌어진 틈으로 성종의 총애를 받던 엄숙의와 정숙의가 끼어들었다. 이간질이 가세되면서 윤씨의 행실은 더욱 비난을 받게 된다. 폐비 윤씨는 빈으로 강등된 뒤 성종으로부터 폐출되어 궁궐에서 쫓겨난 다음 사약을 받는 세 단계를 거쳐 생을 마감한다.

이 중 두 번째 단계인 폐출의 교서는 성종 10년(1479) 6월 2일로 윤씨의 생일 다음날이다. 교서내용은 이렇다.

"바르게 시작하는 길은 반드시 내치(內治)를 먼저 해야 하는 것이니, 하(夏)나라는 도산(塗山)으로써 일어났고, 주(周)나라는 포사(褒姒)로써 패망(敗亡)했다. 후비(后妃)의 어질고 어질지 못함은 국가(國家)의 성쇠(盛衰)가 매인 것이니, 돌아보건대 중하지 아니한가? 왕비(王妃) 윤씨(尹氏)는 후궁(後宮)으로부터 드디어 곤극(坤極)의 정위(正位)가 되었으나, 음조(陰助)의 공은 없고, 도리어 투기(妬忌)하는 마음만 가지어, 지난 정유년에는 몰래 독약(毒藥)을 품고서 궁인(宮人)을 해치고자 하다가 음모(陰謀)가 분명히 드러났으므로, 내가 이를 폐(廢)하고자 하였다. 그러나 조정의 대신(大臣)들이 합사(合辭)해서 청하여 개과천선하기를 바랐으며, 나도 폐치(廢置)는 큰일이고 허물은 또한 고칠 수 있으리라고 여겨, 감히 결단하지 못하고 오늘에 이르렀는데, 뉘우쳐 고칠 마음

다른 듯 닮은, : 정희왕후
닮은 듯 다른

은 가지지 아니하고, 실덕(失德)함이 더욱 심하여 일일이 열거하기가 어렵다. 그러니 결단코 위로는 종묘(宗廟)를 이어 받들고, 아래로는 국가(國家)에 모범이 될 수가 없으므로, 이에 성화(成化) 15년 6월 2일에 윤씨(尹氏)를 폐하여 서인(庶人)으로 삼는다. 아아! 법에 칠거지악(七去之惡)이 있는데, 어찌 감히 조금이라도 사사로움이 있겠는가? 일은 반드시 여러 번 생각하는 것이니, 만세(萬世)를 위해 염려해야 되기 때문이다."

첫 시도에서 신하들의 반대로 윤씨를 빈으로 강등한데 그친 성종은 이때에 이르러 반대를 용납하지 않겠다는 비장함을 내보인다. 그 비장함에는 사사로움이 없고 만세를 위한 일이라는 정당성을 꿰맞춰 넣어둔다.

: 비정한 궁궐

성종은 비장한 만큼 비정했다. 윤씨가 궁궐에서 쫓겨날 당시에는 세자 말고 왕자가 또 하나 있었다. 성종은 폐출을 거론하며 빈으로 강등시켜 놓고도 윤씨를 종종 찾았던 것이다.

위태위태하던 관계는 윤씨의 생일에 폭발한 것으로 보인다. 이날 성종은 하례는 정지시키고 옷감만 올리게 했다. 이미 둘 사이의 관계가 틀어져있었던 것이다. 자신의 생일에 옷감만 달랑 보내고 하례는 생략한 남편에 대해 윤씨는 대노했다. 다음날 성종은 정승들을 불러놓고 부끄러움을 무릅쓰고 윤씨를 폐서인하겠다고 논한다. 성종의 지적에는 "내간에 있는 시첩의 방에 들렀을 때 윤씨가 아무 연고도 없이 들어왔다"는 고발은 물론 "침실을 따로 하고 스스로 뉘우치기를 바랐다"는 내용도 들어있다.

성종은 내간에 있는 시첩의 방에 드나들 정도로 여색을 탐했으며 이런 행보를 윤씨는 참지 못했다. 임금과 왕비는 별거나 마찬가지의 생활을 하고 있었던 것이다. 원자를 낳았음을 상기 시키며 별전에 폐처하는 것으로 처벌을 낮추자는 신하들의 말에 성종은 "만약 그 아들이 주기(主器)가 되면 마땅히 추봉(追封)할 것인데, 지금 서인을 만드는 것이 어찌하여 무엇이 상하겠는가?"라며 훗날에 대한 두려움을 표한다. 원자가 왕이 되면 보복이 찾아올 것이 분명함을 강조하며 중하게 벌을 내려야 한다고 못 박아 버렸다.

성종의 윤씨 폐출과 사사에는 정희왕후도 같은 뜻을 피력했다. 유교를 받드는 선비들이 지향하는 방향대로 여성들을 가르치고자 했던 시도는 폐비 윤씨 사건에도 계속된다. 휘빈 김씨와 순빈 봉씨의 사례에서 보듯 궁궐은 일반 백성들보다 빠른 속도로 유교 가치의 눈높이에 맞는 여성들을 찾았고 그 높이를 맞추지 못한 여성들은 비극을 맞이해야 했다.

폐비 윤씨의 소용돌이 역시 강도 높은 대응 방안이 논의되었다. 여성들에게 순종을 강요하고자 했던 집권세력들에게 폐비 윤씨는 구태의연한 존재로 비춰졌다. 내훈을 썼던 소혜왕후(인수대비)는 용서할 수 없었을 터이고 며느리의 판단을 높이 산 정희왕후는 같은 입장이었다.

중전에 오르기 전 숙의에 봉해졌던 폐비 윤씨도 나름 배경이 있어 신숙주가 외당숙이었다. 그러나 이 때 이미 신숙주는 세상을 떠 조카를 지켜줄 수 없었다. 자기감정에 진솔했던 또 하나의 궁중 여성, 폐비 윤씨는 그렇게 사라져야 했다. 임금이 된 후 모범적으로 교육을 받고 성장한 성종은 학문연마에는 최선을 다했지만 배우자와의 관계정립에는 실패했다.

: 내훈과 어을우동

성종 11년(1480) 10월 18일 '어을우동을 교형에 처했다'는 기록이 성종실록에 등장한다. 폐비윤씨가 폐출된 다음 해에 일어난 일이다. 실록은 그의 간통 행적까지 낱낱이 적고 있다.

어을우동은 승문원 지사, 박윤창의 딸. 가문이 그리 한미하지도 않았다. 실록에는 어을우동으로 되어있고 성현의 '용재총화'에는 어우동으로 소개된다. 어을우동은 효령대군의 손자인 태강수 동에게 시집갔으니 왕족과 결혼을 한 인물이다. 그러나 행실이 바르지 못하다는 이유로 쫓겨났다.

시댁에서 쫓겨나 자신의 처지를 슬퍼하는 어을우동에게 계집종이 아전이었던 오종년을 소개해주었다. 어을우동은 오종년과 관계를 맺은 후부터 마음에 맞고 눈에 들거나 상대가 원하면 기꺼이 관계를 맺어 그 수가 수십 명에 이르게 된다. 특별히 맘에 드는 남성은 팔뚝에 이름을 새겨 넣기도 했다.

어을우동의 상대는 왕족에서부터 노비까지 다양했다. 관계를 맺은 몇몇 인물은 남편과 가까운 왕족들로 근친상간이었다. 또 양반 신분으로 노비와 통한 것은 강상의 도를 위배하는 위험한 짓이었다.

어을우동의 이런 행보는 당시 도승지를 맡고 있던 김계창에 의해 탄핵되어 결국은 형장의 이슬로 사라지게 된다. 신하들 사이에서 여러 반론이 있었지만 성종의 의지는 확고했다. 반면 어을우동과 관계를 맺은 남성들은 대부분 크게 벌을 받지 않은 것으로 나온다.

이 엄청난 섹스 스캔들의 주인공에 대해 당시 사람들은 어미 정씨까지 의심했다.

"사람이 누군들 정욕이 없겠는가? 내 딸이 남자에게 혹(惑)하는 것이 다만 너무 심할 뿐이다"라고 어미 정씨가 한 말을 실록은 기록하고 있다. 당시 여성들의 사고방식을 이 말속에서 읽어낼 수 있다. 여성과 남성을 굳이 구분하지 않고 있다.

어을우동 사건을 겪은 조선은 그러나 점점 여성을 옥죄어야 한다고 생각하게 된다. 문물과 제도가 자리 잡게 되는 성종시대는 여성들에게는 지금의 눈으로서는 말도 되지 않는 덕목을 요구한다.

이런 희대의 사건들을 예측이나 한 듯 소혜왕후(인수대비)는 성종 6년 (1475) '내훈'을 발간했다. 부녀자들을 위한 교양서로 나온 '내훈'은 중국의 '열녀전' '소학' '여교(女教)' '명감(明鑑)' 등에서 필요한 내용을 발췌

해 만들었다. 경전은 물론 주나라 문왕의 어머니인 태임 등 본받을만한 인물들의 행적을 소개하면서 본받을 점과 경계할 점 등 여성들에게 훈계할 내용을 모았다.

3권의 책에 7장으로 구성된 내용에서 가장 많은 부분을 차지하는 것이 2권의 부부. 주로 아내의 도리를 강조하고 있다.

부녀자로서의 말과 행동, 시댁과 친정 부모들에 대한 효도, 혼례, 부부 사이의 도리는 물론 어머니로서의 자식과 며느리에 대한 교육방법까지 자세하게 설명했다. 심지어 친척들과 화목하게 지내는 방법까지 일러줬으니 당시 여성들에게는 일종의 교본이었다.

내훈이 제시하는 여성상은 여성 스스로보다는 누군가의 어머니, 자식, 배우자로 존재한다. 한 인간이 스스로를 위해 키워야 할 자아형성은 빠져있고 누군가의 대상으로서 지켜야 할 도리로만 차 있다. 이것이 그 시대가 만들고자 했던 여성이었다. 조선이 만들고자 했던 여성상이기도 하다.

조선의 여성 눈높이를 만들었던 소혜왕후(인수대비)와 그를 신뢰한 정희왕후는 자신들의 소신에 맞는 잣대를 들이댔다. 자아가 강했던 당시 궁중의 여성들과 어을우동 같은 자유분방한 인물들은 이 새로운 가치를 수긍하지 못했다. 서로 충돌할 수밖에 없었던 가치들은 결국 힘을 가진 쪽이 상대적으로 힘이 없는 약자를 높은 수위의 처벌로 다스리며 길들이기를 하는 쪽을 택했다. 게다가 성종의 즉위과정은 물론 세조의 왕위 찬탈까지 경험한 삼전은 아들을 앞세워 권력행사를 하겠다는 야욕을 숨기지 않는 폐비 윤씨는 용서할 수 없는 대상이었다.

　그 결과는 가혹했다. 성종의 뒤를 이어 보위에 오른 연산군은 폐비 윤씨 사건과 연관된 대신들을 극형에 처하고, 이미 죽은 한명회, 정창손 같은 이들은 부관참시하는 갑자사화를 일으킨다. 폐비 윤씨의 사사가 잉태한 비극이다. 정권유지를 위해, 더 나은 세상을 위해 만드는 이념이며 사상과 같은 사고의 틀. 그 틀은 사회를 안정시키고 다음 목표로 나아가는 이정표가 될때 빛을 발한다. 반면 위정자들의 편리에 의해 왜곡되거나 지나친 끼워 맞추기는 위험하다. 그 충실한 예가 연산군을 통해 보여진다. 폐비 윤씨의 처벌에는 정치적인 유연성이 절실했다.

17장

왕비는 누구 편인가?

: 왕비와 친정의 힘

1613년 계축옥사를 기록한 '계축일기'에는 인목대비가 광해군과 협상
을 벌이면서 썼다는 편지내용이 담겨있다. 편지 내용은 상당히 의외다.

> … 대군으로 말미암아 이런 화가 부모와 동생에게 미치니 어
> 찌 차마 들을 수 만 있으리까 내 머리를 베어서 표를 보이니 대
> 군을 데려다가 아무렇게나 처치하고 아버님과 동생을 놓아주옵
> 소서 …"

김제남의 딸 인목대비는 정권을 잡은 대북파가 영창대군을 모함으로
죽이려고 하자 광해군에게 대군의 목숨을 내어줄테니 친정집을 살려달

라는 구원요청을 하고 있다. 어머니로서 친정집을 구하기 위해 아들의 목숨을 내놓는다는 것은 쉽게 상상하기 힘들다. 인목대비는 이미 구할 수 없는 목숨이 된 아들 대신 친정집이라도 살려야겠다고 생각했을 것이다. 혜경궁 홍씨의 한중록 역시 친정집 구제에 무게가 실려 있다.

친정집을 구하기 위해 왕비들이 발 빠르게 움직인 이유는 친정이야말로 가장 든든한 울타리기 때문이다. 스스로를 지키기 위해 때로는 위험한 거래를 하는 것이 왕비들이다. 친정의 힘은 서차도 바꿀 만큼 대단했다.

성종 1년(1470) 3월 12일 신숙주는 왕대비와 인수왕비의 서차는 형제의 차서로 정할 것을 아뢴다. 여기서 말하는 왕대비는 예종의 비 안순왕후이고 인수왕비는 의경세자의 부인으로 성종의 모친, 소혜왕후이다.

이미 예종이 임금이었고 인수왕비가 그의 신하였다면 인수왕비는 자연 안순왕후의 아래 서열이다. 그러나 신숙주는 그런 위차를 무시하고 형제의 차서로 정하여야 한다고 주장하고 나섰다. 신숙주가 이렇게 나온 배경에는 정희왕후가 있었다. 정희왕후는 성종의 정통성을 살려주기 위해 세자로 그친 의경세자를 임금으로 추종하고 서열 또한 예종의 위에 놓았다. 수빈의 휘호도 인수왕비로 바꿔주었다.

인수대비로 더 알려진 소혜왕후와 안순왕후의 관계는 본의 아니게 복잡했다. 인수대비가 세자빈, 수빈으로 있던 시절 위차는 당연히 인수대비가 위였다. 하지만 의경세자가 요절한 뒤 예종이 세자가 되고 뒤이어 왕위에 오르면서 안순왕후가 중전이 되고 세자빈이었던 수빈은 궁궐에서 나가야 하는 신세가 됐다.

이 관계가 예종마저 스무 살을 채우지 못하고 승하하자 흔들렸다. 인수대비의 둘째아들 성종이 왕위에 오르면서 또다시 변화를 필요로 했다. 더욱이 이들이 함께 궁궐에서 기거해야 했기에 이 문제는 빨리 답을 찾아야 했다.

신숙주의 주장은 인수왕비에 대한 존호를 이미 높여 명위가 정해졌으므로 형제의 서열로 하여야 한다는 것이었다. 의경세자를 덕종으로 추존하고 수빈의 휘호를 인수왕비로 했으므로 장유차서의 논리로 위차문제를 매듭지어야 한다고 일러줬다. 신숙주를 통해 이론적인 논거를 찾고도 안순왕후보다 인수대비의 위차를 위에 두도록 하는 확정은 2년 뒤인 성종 3년(1472) 2월 20일에 이뤄졌다. 짧은 시간이었지만 군신관계의 예가 있었던 두 사람의 관계를 뒤바꾸는 것은 신하들의 입장에서도 쉽지 않았다.

정희왕후는 예조에 내린 의지를 통해 또다시 세조를 등장시킨다. "세조께서 항시 인수왕비에게 예종을 보호하게 하고 시양하라고 일컬었다"며 세조를 앞세워 당위성을 인정받고자 한다. 인수대비는 이렇게 만들어진다. 하지만 만들어진 왕과 왕비는 시간이 지나면 자칫 혼란만 가중시킬 수 있다. 결국 성종은 신하들의 반대를 무릅쓰고 정식 추봉을 강행해야 했다.

성종 6년(1475년) 의경세자가 덕종으로 추존되고 부묘가 결정된다. 이 과정에서 묘호를 받지 못하고 공정왕으로 있던 조선의 두 번째 임금, 정종이 종묘의 정실에서 협실로 쫓겨나는 기막힌 일도 터진다. 엄밀하게 따지면 정종은 정식 임금이었고 덕종은 추존왕일 뿐인데도 성종은 이를 강행해버린다. 의경세자의 묘호를 덕종으로 하고 종묘에 모시는 이런 강경한 태도에는 명나라 황실의 후궁이었던 인수대비의 고모들이 영향력을 행사하던 중국황실이라는 뒷심도 작용했다.

의경세자는 이런 과정을 거쳐 덕종으로 탄생한다. 덕종은 진짜 '왕'이 아니라, 오로지 국내 상황 전환용이었다.

뒷심이 작동해 버린 서차에 대해 신하들이 그냥 있을 수는 없다. 성종 6년(1475) 5월 예문관 봉교 안팽명 등은 노나라 민공과 희공 형제 예를 들며 "춘추에서 이를 평한 이유는 민공과 희공이 형제이나 군신관계에 있었는데 형제의 의리를 군신의 의리보다 앞세우지 않는 것이 예(禮)"라며 반론을 제기한다. 군신의 존비를 장유(長幼)의 차서 때문에 어지럽힐 수 없다는 이유를 든 것이다. 정희왕후가 의지를 내리면서 세조가 인수왕대비에게 명하여 예종을 보호하게 했고 장유의 차서가 있으므로 그 위차를 왕대비의 위에 있게 한 것에 반박한 것이다. 이 때 신숙주는 정창손과 함께 왕비 두 분의 차서는 조정에 있어서의 차서가 아니고 궁중의 집안 일일 뿐이고 세조의 유의도 있었으므로 희공과 민공의 예와 같지 않다고 거들어준다. 신숙주의 힘을 빌려 정리를 한 셈이다.

친정의 힘은 서차를 바꿀 만큼 왕비에게는 중요했다. 왕비들은 본능적으로 친정에 힘을 싣게 된다. 왕비 친정의 비대해진 힘은 때로 임금을 위기에 빠뜨리기도 한다.

: 종친과 외척

사가에서 생활해 본 세조는 구중궁궐에 있으면서 자신의 이목이 가려지는 것을 경계했다. 대궐에 있을 때는 주로 환관들과 있어야 하는 것을 경계했다. 세조는 자연스레 종친을 통해 궁궐 밖의 목소리에 귀를 기울였다. 정희왕후와 사이가 좋았던 세조는 정희왕후의 친척들도 적극 등용했다.

정희왕후 역시 친척들을 적극 활용했다. 성종 즉위년(1469) 12월 8일 언니의 아들인 겸판서 한계미에게 족친으로서 임용하지 못할 사람은 천거하지 말라고 전교한다. 거꾸로 얘기하면 천거할 사람은 천거하라는 말이다.

왕에게 외척은 때로 목에 가시 같은 존재지만 왕비에게는 아니었다. 왕가의 여성들은 남편, 때로는 자식인 왕과 다른 입장에 서기도 했다. 그들에게 친정인 외척은 아무리 부정해도 정치적인 존재였다.

왕의 입장에서는 외척의 힘이 위험할 수 있다고 판단되면 언제든 내쳐야 했다. 반면 왕비의 입장에서는 바람막이가 될 수 있는 버팀목이었다. 서로 다른 입장은 대립관계에 놓이기 쉬웠다. 왕권유지라는 공통분모가 있었지만 늘 껄끄러웠던 것 또한 권력을 바라보는 시각이 달랐기 때문이다.

조선은 왕을 중심으로 8촌까지는 종친부에서, 외척과 8촌이 넘는 종친은 돈녕부에서 관리했다. 외척과 종친이 결정적으로 다른 점은 왕위 계승의 가능성. 종친이 왕위 계승의 경쟁자가 될 수 있었다면 외척은 그렇지 않았다. 종친들이 반정과 역모의 가능성 때문에 감시의 대상이 되고 생명의 위협도 자주 느껴야 했던 반면 외척은 왕비와 상호 보완하며 무게감을 길렀다.

수렴청정을 한 정희왕후의 가문인 파평 윤씨는 이후 같은 집안의 문정왕후가 또 수렴청정을 하게 되어 정국을 주도하는 세력으로 커진다. 세력이 커진 외척은 왕을 보호하기 위해 때로는 정국을 돌파하기 위해 여론을 주도해나간다. 자신들의 기반을 흔들 수 있는 왕권위협 존재들은 피아를 가리지 않고 공격하는 등 그들 나름대로의 방식으로 권력을 비호한다.

ː 철렴을 부른 외척의 득세

정희왕후에게 외척은 어떤 존재였을까?

성종 1년(1470) 5월 12일 왕후는 양주목사 윤호를 국문하라고 명한다. 윤호가 영웅대군의 종 금희를 때려 죽음에 이르게 한 일 때문이다.

사람을 때려 죽음에 이르게 한 것도 문제인데 죽은 금희의 아내가 억울함을 호소하려고 하자 영웅대군의 부인이 이를 말리려고 하면서 일이 더 커지게 됐다. 영웅대군의 부인은 윤호가 정희왕후의 족친이라고 금희의 아내에게 고소를 못하게 말린 것이다. 정희왕후의 영향력을 보여주는 단면이다. 수렴청정기에는 종친보다 외척의 힘이 커져있음을 반증한다. 정희왕후는 윤호가 족친이긴 하지만 형벌을 잘못하여 사람을 죽일 수는 없다며 윤호를 국문하라고 지시한다. 윤호의 사례처럼 노력은 했지만 정희왕후 역시 외척과의 고리를 단절하지는 못했다.

정희왕후는 3남 7녀의 막내딸이다. 10남매 중 9번째다. 10남매가 모두 조선시대의 평균수명은 넘기고 자손들을 많이 남겨 외척 규모가 어느 왕비보다 컸다. 남자 형제는 사분, 사윤, 사흔이 있는데 이중 사윤은 막대한 부를 일군 것으로 기록되어 있다. 사윤은 정희왕후의 남자 형제 중 가장 똑똑한 인물이다. 반면 사분은 25세에 음서로 겨우 관직에 나가고 사흔은 세조의 질타까지 받는 것으로 실록에 나와 있어 인물이 변변치 못했음을 보여준다. 이런 형제들이 정희왕후의 배경을 발판 삼아 공신이 되고 관직을 제수 받게 된다. 사윤 역시 스스로 똑똑하기도 했지만 거대한 부를 형성하는 데는 정희왕후의 힘이 일조를 했을 터. 외척과의 단절은 어려운 작업이었다.

정희왕후의 오빠 사윤과 남동생 사흔은 정희왕후의 증손자, 중종 때 일어난 을사사화로 얽히게 된다. 사윤의 증손녀와 사흔의 고손녀가 각각 장경황후와 문정왕후이다. 장경황후의 오빠 윤임과 문정왕후의 남동생 윤원형은 대윤과 소윤으로 맞서게 된다. 이들이 대립한 이유 역시 권력다툼. 장경왕후의 아들 인종의 보호자격인 윤임과 문정왕후의 아들 명종을 호위하고자 한 윤원형의 투쟁이었다. 인종이 1년도 되지 않은 재위기간을 뒤로 하고 숨지는 바람에 승리의 신은 소윤의 손을 들어준다. 권력을 위해서는 외척간은 물론 같은 집안끼리, 때로는 형제끼리도 싸워야 했다.

정희왕후의 언니들과 결혼한 인물들은 홍원용, 성봉조, 이연손, 이염의, 노덕기, 한계미로 이들의 자손들 역시 정희왕후를 배경 삼아 출세를 한다.

왕권강화를 외쳤던 예종도 어머니 정희왕후의 외척은 쉽게 벌하지 못했다. 수행원의 간통 행각을 말리기는커녕 말을 듣지 않는 여성을 때려 거의 죽게 만든 이덕량의 일이 그 예이다. 관리로서 함부로 형벌을 가한 자에게는 장 100대에 3,000리 밖으로 유배하도록 형전에 나와 있지만 예종은 그리하지 못한다. 정희왕후가 족친이라고 하여 특별히 용서하여 면제하라고 부탁한 것이다. 한명회와 신숙주 같은 공신들과의 결탁도 있지만 정희왕후의 수렴청정에는 외척의 힘도 작용했다. 친인척들에게 관대했던 정희왕후는 그 친인척들로 인해 철렴을 거두게 되는 지경에 이른다.

정희왕후와 외척의 관계를 가장 잘 보여주는 사건은 성종 6년(1475) 11월18일 승정원문에 나붙은 익명서. 익명서는 일부가 찢어져 전문은 알 수 없었지만 대왕대비를 겨냥한 것은 분명했다. 익명서에는 강자평이 진주목사가 된 것은 대왕대비의 특명이라는 내용과 윤사흔, 윤계겸, 민영견, 어유소, 이철견과 이계전의 이름을 쓰고 그 밑에 많은 욕이 쓰여 있었다. 문제는 거론된 인물들이 모두 정희왕후의 인척들이라는 데 있었다.

이 사건을 계기로 정희왕후는 사건 발생 두 달 후인 성종 7년(1476) 1월 13일 수렴청정을 거두겠다고 천명한다. 익명서는 본디 없애게 되어 있었다. 그러나 정승 반열에 있는 관리들이 연루되어 있고 이들이 진실을 밝히기를 원하면서 그 배후를 파헤치게 됐다. 조사 결과 익명서의 작성자는 최개지로 밝혀졌다. 그가 익명서를 붙이게 된 것은 노비문제로 소송하는 과정에서 윤씨 가문이 개입해 재판에 진 것이라고 판단했다는 점도 함께 드러난다.

정희왕후는 이 사건을 계기로 하야한다. 그 뜻을 밝힌 언문에서 자신은 공과 사를 구분하고자 했다는 말과 함께 주상에게 사사로운 청을 하지 않으려고 노력했던 자신의 의지를 피력한다. 가뭄이나 홍수가 나면 스스로에게서 연유된 것이 두려워 잠도 이루지 못했다는 그간의 마음고생도 고백한다.

"나는 한 가지 일도 척리(戚里)로 인하여 한 것은 없었는데도, 지금 익명서(匿名書)에 말한 것은 오로지 내 몸을 지칭(指稱)하였으니, 최개지(崔蓋地)의 말을 듣고는 마음이 실로 편안하지 못하다. 평일에는 비록 아주 작은 공사(公事)일지라도 내가 보고난 후에 주상(主上)께서 또 자세히 살펴보았으니, 그 사이에 어찌 사정(私情)을 쓸 이치가 있겠는가? 최개지 등은 반드시 내가 부인(婦人)인 이유로써 형제(兄弟)의 말을 함부로 들었다고 하는데, 그런 까닭으로 감히 지척(指斥)하지는 못하고 시비(侍婢)를 핑계해서 말하고 있지만은 마침내 그 실정(實情)을 회피하지는 못할 것이다. 부모(父母)가 일찍이 별세(別世)하셨으므로 내가 끊임없이 형제(兄弟)를 보고 싶어 하였었다. 그러나 서로 만나보는 즈음에는 옛날 친정집에 있을 때의 희롱한 일을 이야기한 데 불과할 뿐이니, 비록 사사로 청하는 일이 있더라도 내가 어찌 감히 주상(主上)에게 알릴 수가 있겠는가? 세조(世祖)께서 일찍이 이르기를, '형벌은 〈끊어진 것을〉 다시 이을 수 없는 것이다'하면서 매양 법사(法司)에서 처형(處刑)하기를 청할 때, 만약 일이 의사(疑似) 에 관계되면 바로 형률(刑律)에 비추어 적용하도록 했으니, 이 일은 바로 이른바 까마귀 날자 배 떨어지는 격으로 우연한 일치로 남의 혐의를 받게 되는 것이다. 더구나 세조(世祖)께서는 내가 있는 까닭으로써 척속(戚屬)들의 소원을 묻고는 자주 작록(爵祿)을 주었으므로 내가 매양 그치기를 청하였는데, 하물며 이와 같은 때에 감히 척리(戚里)에게 사정(私情)을 쓰겠는가? 윤사흔(尹士昕)이 의정(議政)이 된 것도 또한 주상(主上)의 명령인 것이다. 더구나 해당 관청[該曹]에서 도량과 재간에 따라 이를 임용하는 것이겠는가? 만약 한결같이 척리(戚里)라 하여 이를 물리친다면 또한 통하지 않는 것이 아니겠는가? 내가 여러 가지로 생각해 보아도 나의 처사(處事)는 반드시 그릇된 까닭으로 일마다 나를 지척(指斥)하더라도 드러내어 변백(辨白)할 수가 없다. 무릇 수재(水災)와 한재(旱災)를 만나게 되면 나에게 인유(因由)된 것이 두려워서 잠을 자지 못한 것이 한두 날이 아니었다. 연전(年前)에는 시절(時節)이 더욱 불순(不順)하였기 때문에 내가 정치에 참여하는 것은 더욱 싫어하는 바이다. 이에 사사(辭謝)하는 사정을 감추어 경(卿) 등에게 알린다."

정희왕후는 자신의 결백을 주장하며 서운함을 표한다. 하지만 한 가지도 친척을 위하여 한 일은 없다는 정희왕후의 변명은 손으로 해를 가리는 꼴이다. 스스로는 경계했을지라도 권력을 쥐고 있는 대비의 친인척들은 정희왕후라는 배경을 십분 활용했다. 친인척에 대한 경계는 그래서 장치를 필요로 한다. 태종의 예처럼 때로는 피도 눈물도 없어야 할 때가 있다. 익명서가 등장할 만큼 정희왕후의 친인척은 권세를 누리고 있었다.

하야를 밝힐 때도 정희왕후는 세조를 빌린다. 세조가 자신을 고려해서 친척들에게 벼슬을 내렸고 그때마다 말렸다는 얘기와 함께 일가친척이라고 요직에 임용하지 않는 것도 문제라는 반박도 내놓는다. 인척 등용에 대한 정희왕후의 시각을 잘 나타내주고 있다.

마침 시기도 적절했다. 이미 언문에서도 나타났듯이 이때는 성종이 친정에 가까운 정치를 할 때다. 정희왕후는 정승 벼슬에 제수되어 대간의 비난을 산 남동생, 윤사흔의 예도 임금이 결정한 것이라며 자신의 결백을 주장한다. 아주 작은 일일지라도 자신이 검토하고 난 후 주상도 자세히 들여다봤다는 말에서 이미 권력은 성종에게로 이동해 있음을 알려주고 있다.

청정을 거둘 적절한 시간을 골라야 할 때가 온 것임을 스스로도 깨닫고 있었음을 보여준다. 물리적으로도 성종의 나이는 20세가 되고 있던 만큼 수렴청정을 거둘 시점이 필요하던 차였다. 정희왕후의 단호한 의사 표명에 신하들은 여러 번 만류의사를 표하다가 급기야는 받아들인다.

　손님처럼 찾아온 권력, 정희왕후는 주인에게 민폐가 되지 않겠다는 뜻을 피력하며 그 권력을 내려놓는다. 이때의 철렴은 뒤이은 수렴청정의 본보기가 되었다. 조선의 수렴청정은 임기가 있는 권력이었던 셈이다.

●●

통일시대 가장 주목을 받게 될 도시 중의 하나인 경기도 파주.

한강과 임진강을 경계로 김포와 개풍군과 만나고 있다. 하천이 있는 서쪽은 평야지대다. 야트막한 산위에 올라도 가까이서 지는 강변의 일몰을 감상할 수 있는 매력을 품고 있다.

파주시의 옛 이름은 파평(坡平). 파평 윤씨의 본관이다. 정희왕후를 비롯해 장경왕후, 문정왕후, 정현왕후 등 여러 왕비를 냈으니 외척들의 터전이었다. 정희왕후의 고향이기에 세조 6년(1460) 파주목으로 승격되어 오늘의 파주시로 이어졌다.

파평이라는 옛 이름에서 느껴지듯 파주는 평평하다. 야트막한 언덕들이 곳곳에 보인다.

파주시 교하읍 당하리에 가면 정희왕후의 부모님인 윤번과 인천이씨의 묘역이 있다. 정희왕후뿐만 아니라 문정왕후 부모의 묘역도 이 일대에 조성돼 있다.

파평 윤씨 종중의 묘가 여기저기 흩어져 있는 이 일대의 중심부에 정희왕후가 창건한 성재암이라는 절이 있다. 이 일대의 땅이 정희왕후와도 깊은 인연이 있음을 시사한다.

원래 40만평에 이른 방대한 넓이였는데 파주 운정지구가 개발되면서 지금은 그 중 절반정도만이 경기도 문화재로 지정돼 보존되고 있다. 눈앞의 토지 보상보다는 역사를 선택한 후손들의 어려운 결정 덕분이다. 그 덕분에 여인천하를 이루었던 중종의 비 문정왕후의 동생인 윤원형과 그 부인 정난정의 묘도 이곳에서 만날 수 있다.

2003년 미이라 상태로 발견돼 놀라움을 주었던 '파평 윤씨 모자 미이라'도 이곳에서 발견됐다. 2003년 당시 미이라를 발굴했던 '파평 윤씨 정종공파 교하종중'의 윤훈덕 부회장의 안내를 받으며 찾은 이 일대에서 받은 느낌은 도도함이다. 그 기저에는 왕비를 낸 고장에 대한 자부심이 깔려있을 것이다. 교하종중의 회의실에 보관돼 있는 족보 목판에서도 그런 도도함을 찾을 수 있었다.

왕비를 배출한 자존심 강한 이곳의 미래는 통일시대다. 정희왕후가 과거와의 화해를 위해 내밀었던 손을 다시 내밀어야 할 곳이다. 후손들이 가꿔갈 미래와 함께 평화에 대한 기대를 갖게 하는 길목과 같은 곳이 이곳이다.

파평 윤씨의 본관 파주(옛 이름 파평)전경 심학산에서 내려다 본 파주 사진. 개발이 한창임을 엿볼 수 있다. 심학산에서 오른쪽으로 멀리 보이는 곳에 파평 윤씨 묘역이 있다.(위)

파주 일몰 파주는 옛이름 파평에서 알 수 있듯이 평평하다. 심학산은 높이가 200m도 안되는 낮은 산이지만 이곳에 오르면 강 너머로 지는 일몰을 감상할 수 있다.(아래)

●● **윤번과 인천이씨 묘역** 정희왕후 부모의 묘역. 대군의 장인으로 세상을 마감한 윤번보다는 왕
비의 모후로 운명한 인천 이씨의 묘가 더 크다. 인천 이씨 묘 앞의 석등은 3남 7녀 중 9번째였던 정
희왕후의 존재감을 대변한다.

●● **성재암** 정희왕후가 창건한 절, 성재암은 굴곡진 우리 역사를 거치며 자칫하면 흔적을 잃을 뻔했다. 후손들이 옛 터에 다시 복원한 절의 대웅전 부처님 양 옆에는 정희왕후와 문정왕후를 위한 등이 달려있다.

6부

정희왕후와
김종서

:

조선 판 로미오와 줄리엣이 된 세조의 딸과 김종서의 손자.
이 둘은 그러나 정희왕후의 대처로 '이루어진 사랑'이 된다.
극적인 사랑의 흡입력만큼 정희왕후라는 인물에 관심이 가는 야사이다.
부모세대의 원수들이 자식 세대에 사랑으로 맺어짐에는
바로 '화해'라는 메시지가 읽혀진다.
야사가 말하고자 하는 지점이다.

18장

민심이 야사를 만든다

: 전설이 된 러브스토리

　논리적으로는 성립이 되지 않지만 야사로 포장된 다양한 이야기들은 종종 사실보다 더 사실처럼 전해진다. 지금 이 순간에도 정확한 사실은 확인할 수 없어 각종 추측과 상상을 더해 만들어지는 짐작들. 어쩌면 이런 짐작들이 세월이 흐른 뒤에는 야사로 남겨질지도 모른다. 야사가 오히려 진실인 것처럼 받아들여지는 이유는 그 시대의 민심이 덧입혀져있기 때문이다.

　김종서의 손자와 수양대군의 딸 사이에 전개된 '러브스토리 야사'는 그야말로 소설 같은 이야기다. 이런 이야기를 뒷받침하는 상징물까지 있으니 믿지 않을 수도 없다.

　세조의 딸은 아버지가 임금이 되어 공주가 되었지만 납득할 수 없었다. 공주는 왕위를 찬탈한 아버지를 받아들일 수 없었다. 그래서 거세게 항의했고 그 바람에 세조는 딸에게 사약을 내리라고 할 정도로 분노했다. 이에 세조의 분노를 풀기 어렵다고 판단한 정희왕후는 공주를 궁 밖으로 내보낼 계획을 세운다. 딸만 그대로 보낼 수 없었던 정희왕후는 유모를 붙여 멀리 떠나도록 주선한다. 서울을 피해 몇날 며칠을 걸었던 딸과 유모는 우연히 믿음직한 나무꾼을 만나 의지하게 되는데 그 나무꾼이 바로 김종서의 둘째 손자였다. 유모와 공주가 김종서의 손자를 만난 곳은 충북 보은 속리산입구. 둘은 서로의 신분을 확인하고도 결혼하고 행복하게 살았다고 전해진다.

세조의 딸과 김종서의 손자는 피부병에 시달리던 세조가 이 근처로 행차할 때 구경나갔던 아이들에 의해 그만 들키게 된다. 군사들이 진을 치고 이들을 찾으러 나섰지만 이미 도망간 딸의 가족들을 찾지는 못했다.

세조는 정희왕후가 딸이 숨어 살 수 있게 조처했을 것이라고 직감하고 군사들을 철수시킨다. 이 마을이 '진터'마을이고 공주와 김종서의 손자가 살던 곳은 '가마골'이라고 전해진다.

： 만들어진 전설

조선 후기 서유영이 쓴 금계필담이 이 이야기를 담아내고 있다. 이 이야기는 세조에게는 딸 하나, 즉 정현조와 결혼을 한 의숙공주밖에 없다는 기록과는 배치된다. 의숙공주 외에 공주가 또 있어야 성립이 된다. 족보에 이름을 올리지 못한 세조의 딸이 하나 더 있었기에 나온 얘기가 아닐까?

이런 궁금증을 풀어주기라도 하듯 세종실록은 이런 구절을 남긴다. 정인지가 지어 바친 소헌왕후(세종대왕비, 수양대군의 모후)의 영릉지문에는 세조, 즉 당시의 수양대군에게는 1남 2녀가 있는 것으로 나와 있다. 예종이 태어나기 전이므로 1남은 이해가 되지만 공주가 2명이라면 또 한 명의 공주가 있어야 된다. 그 공주의 존재가 이 전설의 주인공이라는 추측이 가능하다.

세종 28년(1446) 6월 6일의 기록이다.

> … 수양(首陽)은 중추원사(中樞院使) 윤번(尹璠)의 딸에게 장가 들어 1남 2녀를 낳았는데, 아들은 숭(崇)이니 도원군(桃源君)을 봉하고, 딸은 모두 어리다 ….

더욱 신기한 것은 충북 보은의 산 너머인 경북 상주 백악산 바위 보굴암에도 같은 전설이 내려오고 있다는 사실이다. 백악산은 속리산 국립공원에 속하는 산으로 공주가 세조를 피해 산 너머로 피신했다면 도착했을 땅이다.

세조의 딸과 김종서의 손자가 만났던 충북 보은 속리산 입구의 소나무는 세조가 이곳을 지나갈 때 가지를 올려 가마가 걸리지 않게 해 정2품송이 되었다. 사람들은 이 나무를 정2품송 또는 연걸이 소나무라고 불렀다. 연걸이 소나무. 가마가 걸리지 않았다는데는 굳이 연(輦)걸이 소나무라고 불렀을까? 러브스토리의 주인공들을 이어준 연(緣)걸이 나무라고 부르고 싶었는지 모르겠다.

진위여부를 떠나 사람들은 왜 김종서와 세조를 연결하려 했을까? 그리고 그 사이에 왜 정희왕후의 역할을 집어넣었을까?

사진제공 김평기

다른 듯 닮은. : 정희왕후
닮은 듯 다른

속리산은 등산하기 어렵지 않은 산이다. 그런데 쉽지도 않은 산이다. 해발 1000M가 넘으니 당연하긴 하다. 초보자를 긴장시키는 아찔한 구간은 없어도 가파른 산에 난 계단을 오르고 내리다 보면 어느 새 온 몸의 에너지가 사라져버리는 듯 휴식을 끊임없이 해주어야 한다.

등산로는 흙길에 돌을 깔아놓은 곳이 많았다. 주변에는 신기하게 생긴 바위가 시선을 사로잡는다.

이 산은 유난히 세조와 인연이 많다. 정이품송은 물론 세조의 피부병을 낫게 했다는 목욕소도 만날 수 있다. 진터마을도 문장대도 세조와의 인연으로 생겼다. 왕과의 인연 때문인지 여느 국립공원보다 입구부터 고급스러워 보인다.

오를수록 깊어지고 조금 높은 곳에 서면 겹겹이 이어지는 산들의 흐름에 넋을 잃게 된다. 생각보다 깊은 산은 전설 때문에 더 애틋해진다. 충북 보은에서 출발해 문장대를 오르면 경북 상주의 마을을 멀리서 볼 수 있다. 전설속의 주인공들의 희로애락(喜怒哀樂)이 고스란히 전해온다.

800년 수령이 말해주듯 정이품송은 이 땅의 질펀한 역사를 몸으로 감내했다. 힘들어보였지만 여전히 그 자리를 지키고 있다. 인근에 조성된 수련의 향을 맡으며 긴긴 역사를 안으로 지금도 품고 있다.

19장

김종서를 말하다

: 계유정난

수양대군이 왕이 되기 위해 철퇴를 휘둘렀던 1453년 10월 10일 계유년의 그날, 김종서는 즉사하지 않았다. 영화나 드라마에서 자주 묘사되고 대부분의 사람들이 알고 있는 것과는 달리 김종서는 되살아났다. 살아났을 뿐만 아니라 여장을 하고 나올 정도로 이 위기를 벗어나기 위해 분투했음을 보여준다.

다시 살아난 김종서. 조정의 실세였던 김종서가 그 때 현실적인 조처를 취했다면 역사는 지금과 다르게 뒤바뀔 수도 있었다. 수양대군측이 계유정난이라고 이름 지은 1453년 10월 10일 그 날을 기록한 단종실록의 대목이다.

… 김종서(金宗瑞)가 다시 깨어나서 원구(元矩)를 시켜 돈의문
(敦義門)을 지키는 자에게 달려가 고하기를, "내가 밤에 어떤 사
람에게 상처를 입어 죽게 되었으니, 빨리 의정부(議政府)에 고하
여 의원으로 하여금 약을 싸 가지고 와서 구제하게 하고, 또 속히
안평 대군(安平大君)에게 고하고, 아뢰어 내금위(內禁衛)를 보내
라. 내가 나를 상하게 한 자를 잡으려 한다." 하였으나, 문 지키는
자가 듣지 않았다. 김종서가 상처를 싸매고 여복(女服)을 입고서,
가마를 타고 돈의문(敦義門), 서소문(西小門)과 숭례문(崇禮門) 세
문을 거쳐 이르렀으나 모두 들어가지 못하고, 돌아와 그 아들 김
승벽(金承璧)의 처가(妻家)에 숨었다.

… 세조가 인하여 여러 적이 다시 깨어날 것을 염려하여, 양정
(楊汀)과 의금부 진무(義禁府鎭撫) 이흥상(李興商)을 보내어 가서
보게 하고, 김종서를 찾아 김승벽의 처가에 이르러 군사가 들어
가 잡으니, 김종서가 갇히는 것이라 생각하여 말하기를, "내가 어
떻게 걸어가겠느냐? 초헌(軺軒)을 가져오라." 하니, 끌어내다가
베었다 ….

분투했지만 이미 궁궐은 김종서를 외면했다. 수양대군 쪽 사람들이
장악한 뒤였다. 역사를 바꿀 수도 있었던 그 시간, 김종서의 선택은 결
국 아들 승벽의 처가에 숨어드는 것으로 끝난다. 정희왕후가 갑옷을 준
비해 흔들리는 수양대군의 마음을 잡았다는 기록과는 확연히 비교된다.

양측이 정확하게 대비되는 지점이다. 그 때 김종서가 반격에 나서 수양 대군을 제지했다면 조선은 어떤 모습으로 전개되었을까?

계유정난을 왕권과 신권의 권력투쟁으로 읽기도 하고 세종대에 꽃 피웠던 왕과 신하의 조화로운 역학관계를 깨트린 아쉬움으로 여기기도 한다. 어떤 시각으로 이 대목을 볼 것인지는 뒤로 하더라도 왜 그렇게 허무하게 김종서가 눈을 감았는지에 대해서는 의아해 하지 않을 수 없다. 게다가 북방을 호령했던 그가 다시 살아나고도 속수무책이었음은 더욱 이해하기 힘들다.

이해하기 힘든 이 부분에서 가장 먼저 확인할 수 있는 것은 수양대군이 정난의 구실로 내세운 김종서와 안평대군과의 역모 음모는 가능성이 낮다는 사실이다. 역모를 준비하고 있었다면 적어도 반격은 할 수 있었다. 임금을 찾아 궁궐을 두드리는 일은 하지 않았을 것이다. 수양대군이 그토록 경계하여 제일 간사하고 교활한 자로 지목했지만 김종서가 죽음에 이르는 과정이 허무하게 끝난 것은 실제 김종서가 간당의 짓거리를 준비하지 않고 있었음을 반증한다. 1383년생인 김종서는 그 해 만 70의 나이였다. 공격적인 자세를 취하기는 쉽지 않은 나이였다. 게다가 김종서는 세종과 문종의 충신. 그런 그가 수양대군을 상대로 무력을 행사하기는 어려웠다. 몰라서 몰랐고 알아도 몰랐어야 했는지도 모른다.

：명분의 희생양

김종서는 신하의 나라를 만들고자 했던 정도전이 '롤모델'로 삼았을만한 인물이다. 세종이라는 탁월한 군주가 내린 임무를 정확하게 파악해 실행해 낸 신하였고 초심을 잃지 않은 충신이었다. 4군 6진을 개척한 장군으로 사람들의 머리에 입력돼 있지만 놀랍게도 과거에 급제한 문관출신이다. 그것도 배우고 익힌 대로 실천하는 꼬장꼬장한 유학자였다. 큰 호랑이라는 별명과는 어울리지 않게 5척 단신밖에 되지 않았다는 것도 이채롭다.

세종과 문종 때 그 능력을 발휘한 신하가 제거대상 1호의 인물이 된 1453년 10월 10일 계유년의 난. 세종의 아들이면서 문종의 친동생이었던 수양대군은 할아버지 태종이 정몽주와 정도전을 쳐냈던 똑같은 방법으로 김종서에게 철퇴를 가했다.

계유정난의 명분은 수양대군이 자신의 동생인 안평대군이 황보인, 김종서 등과 손잡고 단종을 몰아내고 집권하려 한다는 모반의 차단이었다. 음모의 증거는 김종서가 안평대군에게 주었다는 한편의 시. 독자의 주관적인 평가에 따라 천차만별의 해석이 가능한 시를 증거로 제시했다는 것은 그만큼 증거를 잡지 못하고 있었음을 의미한다. 김종서의 집은 지금 문화일보사가 있는 서울 서대문구 충정로 인근. 임금이 있는 궁궐까지 그리 멀지 않은 거리다. 돈의문과 서소문만 거치면 한걸음에 달려 갈 수 있는 거리였다. 그러나 실록에 적혀있듯이 돈의문도 서소문도, 조금 돌아가야 하는 숭례문도 모두 굳게 닫혀있었다. 김종서가 가는 길목

마다 차단돼있다는 것은 수양대군 측이 얼마나 철저하게 난을 준비했는가를 보여준다. 실세 김종서의 이날 행보는 수양대군 측과는 여실히 대비된다.

단종실록은 거사 당일 수양대군의 최측근 권람이 내금위 출신 곽연성을 통해 수양대군이 일을 마치고 돌아오기 전까지는 성문을 닫지 못하게 하는 등 대책을 논하는 장면을 싣고 있다. 정인지와 더불어 고려사를 편찬한 당대 최고의 학자였던 김종서. 조선의 건국이 아버지 이성계를 위해 이방원이 정몽주를 제거한 것이 반전의 계기가 됐음을 누구보다 잘 이해하고 있었을 것이다. 왕위를 노리고 있는 수양대군이 제거해야 할 사람 제 1순위가 자신이라는 것 또한 충분히 예상할 수 있었다.

: 역모의 치밀함, 선비의 상상을 뛰어 넘다

즉사하지 않고 다시 살아났음에도 반격의 기회를 잡지 못한 이유에는 비정상적인 방법으로 권력을 뺏으려는 한명회를 비롯한 수양대군 측의 치밀한 준비도 한 몫 한다. 김종서를 비롯한 고명대신, 즉 어린 단종을 부탁한 문종의 유훈을 받은 대신들은 수양대군을 위험한 인물로 받아들였다. 그러면서도 조선 건국기의 피바람을 또 일으킬 것인가에는 반신반의 했다. 설사 그런 위험을 예상할 수 있었어도 세종의 충신이고 문종의 부탁을 받은 이들이 수양을 어쩔 수는 없었을 것이다.

반면 수양대군은 자신의 야심을 계획적으로 숨긴다. 단종이 왕이 되었을 때 명나라로 가는 고명사은사를 자청해 떠나는 등 의심을 받지 않기 위한 행보를 보인다. 물론 이 때도 영의정 황보인의 아들 석과 좌의정 김종서의 아들 승규를 동행시킨다. 자신이 없을 동안에 일어날 수 있는 미연의 사태를 예방하기 위한 조처였다. 문종이 죽고 난 뒤 단종이 상중임에도 불구하고 중전을 간택하도록 끈질기게 간청한 것도 수양대군이었다. 상대편들의 경계를 흔들리게 했다.

이런 충심을 보이는 한편으로 임금을 보필하는 고명대신들이 자신의 힘을 뺏으려 들 때는 단호하게 맞섰다. 분경금지법을 대신들이 추진하자 자신과는 대척점에 서있는 동생 안평대군을 끌어들여 결사반대를 한다. 안평대군까지 가세한 반대로 분경금지의 대상에 대군의 집은 빠지게 된다. 대군의 집이 분경금지대상에서 제외되자 수양대군은 활쏘기 대회 같은 이벤트를 만들어 시정의 힘깨나 쓰는 장정들을 모아나간다. 대회가 끝나면 이내 진수성찬의 술자리가 만들어졌다.

한량짓이나 하고 돌어다녔을 장정들이 마음껏 힘자랑을 하고 술도 거나하게 들 수 있는 기회가 생긴 셈이다. 게다가 임금의 숙부인 수양대군이 펼치는 자리다. 힘깨나 쓰는 장정들이 점차 수양대군 쪽으로 마음을 열게 된다.

조정 여기저기 필요한 인물들에게는 그들의 환심을 살 수 있는 각종 유혹이 뿌려진다. 대궐 내 곳곳에 유혹의 손길에 넘어간 사람들이 포진하게 되면서 운명의 그날, 수양대군은 승리한다.

고명대신들의 충심은 의심하지 않아도 됐다. 그들이 관리를 뽑을 때

했다는 황표정사(黃票政事) 역시 어린 임금을 보필하는 어쩔 수 없는 방편이었다. 황표정사는 임금에게 올리는 인사추천자 명단에 낙점 받았으면 하는 사람 이름 위에 미리 노란 표시를 해두어 그 의사를 전달하는 방식을 두고 하는 말이다. 이미 70줄 안팎의 노인이 된 고명대신들이 왕의 성장을 기다리며 내린 임시방편이었다.

왕과 피를 나눈 종친들에게 이 황표정사는 왕권에 대한 도전이었다. 특히 김종서로부터 수차례 탄핵을 받아온 양녕대군 같은 이는 수양대군의 야심을 들쑤셨다. 이런 판국에 고명대신들이 정치적인 견해를 달리하는 안평대군 쪽으로 기울자 수양대군의 마음은 급해진다. 서둘러 칼을 빼든다.

조선이 개국한지 60년이 지나가는 때. 겨우 두 세대가 지나가는 정도였지만 사회에는 시대적인 낙오자들이 생기기 시작했다. 한명회처럼 과거에 줄기차게 낙방하거나 권람처럼 35세가 넘어 과거에 합격한 늦깎이들이 생겨났다. 잘 풀리지 않는 인생을 확 바뀌게 할 수 있는 무엇인가를 찾고 있는 이들에게 지름길을 걸을 수 있는 기회가 생긴다면 마다하기는 쉽지 않다. 게다가 수양대군이라는 문무를 겸비한 데다 재력까지 받쳐주는 인물의 등장은 호시탐탐 기회를 노리던 사람들에게는 블랙홀 같은 존재였다. 언제 빨아들일지는 시간문제였다.

: 왜 김종서인가?

김종서!

만 16세의 어린 나이에 과거에 급제한 똑똑한 머리와 타고난 담력을 가졌지만 그는 권력을 남용하는 사람은 아니었다. 흐르는 역사는 읽었어도 권력을 잡기 위해 뛰는 사람들의 야욕의 끝이 그토록 잔인할 줄은 예상하지 못했을 것이다. 남도 아닌 조카가 왕이었으니까. 권력을 잡기 위해 달려드는 사람들의 욕심은 정상적인 일을 하고 있는 보통의 선비들이 상상할 수 있는 범위를 뛰어 넘는다. 투쟁, 전쟁 등 쟁(爭)은 늘 그렇게 시작된다.

김종서는 5척 단신 이었지만 자부심 강하고, 아니다 싶은 것은 용납하지 못하는 인물이었다. 그러면서도 자신의 진가를 모르고 느슨한 면도 보인 인물로 역사 전문가들은 묘사한다. 김종서는 성장하면서 조선이 지향한 유학자가 되어간다. 학문의 깊이는 물론 임금을 대하는 신하로서의 자세 또한 모범이 되었다. 학문을 논할 때는 거침이 없었고 임금 세종에게 형인 양녕대군을 폐하라는 간언을 서슴지 않은 그였다.

꼬장꼬장한 관리처럼 보이는 그도 결점이 있었다. 순패를 직접 관리하지 않았다는 이유로 파면되고 좌천도 당하는 등 부침을 거듭했던 모습이 실록 속에 나타난다. 김종서가 실록에 처음으로 등장한 때는 태종 15년이다.

태종 15년 4월 21일 '순패를 직접 관리하지 않은 변처후, 이수와 김종서를 파면하다'에 이름이 나온다. 태종 5년 과거에 급제해 10년을 근무한 관료로 일이 손에 충분히 익었을 법한 시기의 일이다. 역사가들이 김종서가 스스로에게 느슨했다고 평할 수 있는 대목이다.

이어 3년 후 죽산 현감으로 있던 때인 태종 18년 1월 17일에는 태(笞) 50대를 맞는 것으로 등장한다. 이유는 지방감찰 결과 김종서를 비롯한 몇몇 지방 관리들이 제언(堤堰)을 수축(修築)하지 않았다는 보고가 들어갔기 때문이다. 물을 막기 위해 쌓은 둑을 제대로 관리하지 않았다는 이유로 벌을 받은 것이니 요즘말로 표현하면 안전불감증에 대한 경고로 벌을 받은 것이다. 태종실록에 등장하는 김종서는 이렇게 굴곡진 관리 생활을 보낸 것으로 그려진다.

이랬던 김종서가 세종 즉위부터는 확 바뀐다. 세종이 즉위한 해인 1418년 11월 29일 그는 강원도 관찰사가 보고한 토지의 실지 검사를 재검사하는 책무를 맡게 된다. 행대감찰의 보고로 태형을 받았던 김종서가 행대감찰로 떠나게 된 것이다. 이후 세종시대 김종서는 사헌부 지평, 사헌부 집의로 임금에게 고언을 간하는 언로를 맡아 양녕대군 탄핵으로 세종의 노여움을 사 일시 투옥도 되지만 승진을 거듭한다.

세종은 왜 김종서를 택했을까? 5척 단신의 문관을 삭풍이 몰아치는 북방으로 보낸 세종은 탁월한 안목을 가졌다고 밖에 설명할 수 없다.

6진은 두만강 하류에 위치한 종성, 온성, 회령, 경원, 경흥, 부령의 여섯 진이다. 이중 회령은 조선을 건국한 이성계의 고향이다. 조선을 건국한 할아버지의 고향에 대한 세종의 애착은 엄청났다.

그 땅을 찾으려는 세종의 의지는 단호했다. 4군과 6진 개척은 고려시대 윤관이 여진족을 정벌하면서 회복한 우리 땅이다. 오늘날의 경계인 두만강보다 훨씬 북쪽인 만주 땅을 회복한다는 속내가 있었다.

세종은 전쟁보다는 타협을 이루길 바랐다. 삭풍이 몰아치는 북방의 땅이지만 백성들이 거주하는 진정한 의미의 영토이길 바랐다. 때문에 전쟁을 수행할 장군보다는 백성과 군사의 사기를 북돋아주고 적과 싸우지 않고 회유할 수 있는 관리를 찾아야 했다. 그런 구도에 꼭 맞아 떨어지는 관리의 적임자가 바로 김종서였다. 그가 부임한 후 군사들에게 소고기를 나눠주며 잔치를 베풀어준 것도 세종의 이 같은 계산과 그 뜻을 파악한 김종서의 집행능력이 바탕이 되었다. 이 깊은 뜻을 알 리 없는 신하들은 비난에 비난을 거듭했다. 심지어 북방을 개척하고 사민정책을 써 남도의 백성을 이주시키며 정착시키려고 애쓴 김종서를 죽여야 한다는 주장도 나온다. 대표적인 인물이 탐관오리의 대표로 통하는 박호문. 김종서는 박호문의 모함을 받고 위기를 겪기도 하는 등 순탄하지만은 않은 시간을 보내야 했다.

세종만이 김종서를 아낀 것은 아니다. 황희 역시 일찌감치 김종서의 됨됨이를 읽었다.

황희와 김종서 사이에 일어난 일화는 유명하다. 황희는 몇몇 실수를 저지르지만 원칙을 중요시 하는 인물이었다. 김종서가 공조판서로 있을 때 정승인 황희와의 모임에 공조에 지시하여 술과 음식을 제공한 적이 있다.

오늘날이나 옛날이나 이 정도의 일은 눈감고 넘어가는 것이 다반사다. 그러나 황희는 정승을 접대하는 예빈시가 있음에도 불구하고 공조에서 사사로이 정승을 대접한 것은 문제라며 김종서를 꾸짖는다.

김종서에 대해 이런 문제를 삼은 것이 몇 차례 있는 듯 맹사성이 "왜 김종서에게만 그렇게 까다롭게 대하느냐?"고 묻자 황희는 "우리가 저세상 사람이 되었을 때 누가 나라를 지키겠느냐?"고 반문하며 김종서를 그 재목으로 지목하고 길들이고 있음을 얘기해준다.

김종서의 죽음과 수양대군의 등장은 조선이 건설하려고 했던 이상적인 국가에는 금이 가기 시작했음을 예고한 경고음이기도 했다. 정난이라 이름 지으면서 스스로 개국에 버금가는 일을 했다고 자부했지만 수양대군은 태종이 왜 눈물을 감추며 피바람을 일으켰는지 몸으로 깨닫지는 못했다.

뜨는 권력의 반대편에 있다가 이슬로 사라져야 했던 김종서와 같은 인물들의 뒤를 성삼문을 비롯한 집현전 학사들과 세종시대에 성장한 선비들이 따라간다. 김종서가 지키고자 했던 선비의 자세. 정희왕후는 공신들과 종친 사이에서 그런 인물을 찾아 손자의 앞날을 부탁하고 싶었을 것이다. 그러나 그런 신하는 적어도 수렴청정 기간에는 없었다. 의지할 수 있는 신하는 있어도 앞날을 부탁할 신하는 없었다. 그런 마음이 야사를 낳았고 진한 사랑이야기로 연결되었는지도 모른다.

여진(女眞)의 여진(餘震)

국가의 영토문제이기도 했던 6진 개척을 위한 세종의 김종서 발탁이 오늘날처럼 청문회를 거친다면 어땠을까? 아마 통과하지 못했을 것이다.

우선 함길도절제사는 무관들이 배치되는 자리다. 무관이 가야 할 자리에 문관을 보내는 것 자체가 일단 부적격이다.

6진 개척 역시 무모한 도전으로 비쳐졌을 것이다. 6진을 개척한 이후 개척한 땅에 남쪽 지방 백성들을 이주시키는 사민정책으로 자살하는 백성까지 생겼다고 기록은 전한다. 이 또한 몰매를 맞을 비난 사례다.

여진족은 우리 민족과 오랜 인연이 있다. 고구려 유민 대조영이 세운 발해는 고구려와 말갈족으로 형성된 나라였다. 이 말갈족이 바로 여진족이다. 고구려가 만주 일대에서 성장한 국가였던 만큼 말갈족은 고구려시대에는 우리 민족과 뒤섞였을 것이다. 발해시대에 말갈족은 고구려 사람들만이 지배계층을 이루고 있는 것에 반발해 난을 일으켰고 이것이 발해멸망을 자초한 것으로 분석된다.

이런 역사가 일러주듯 우리 민족에게 여진은 한 수 아래로 여겨졌다. 6진 개척 당시에도 여진족은 조선에 조공을 바치고 있었다. 그러면서도 끊임없이 도발을 감행했다. 그들이 도발을 멈출 수 없었던 이유는 인력부족. 노동력을 얻기 위해서였다.

여진은 또 조선과는 끊을 수 없는 관계이기도 했다. 조선을 세운 태조 이성계 가문의 배경은 회령이다. 여진족 이지란을 의동생으로 삼았듯이 태조 이성계가 조선을 세울 수 있도록 한 조력자 상당수가 여진족이었다.

그런데도 여진은 역사에 늘 정벌대상으로 등장한다. 윤관의 여진정벌도 그렇고 영토 확장을 꿈꾼 세종도 마찬가지였다. 발해가 그랬듯 조선에게도 여진은 오랑캐였다. 명나라에 그토록 사대를 하면서 여진은 한 수 아래로 여긴 것은 국제정세라는 면에서 보면 그리 훌륭한 자세는 아니다.

중국 대륙을 차지하는 새로운 세력이 등장할 때마다 우리 민족은 고충을 겪었다. 만약 여진을 잘 활용했다면 그럴 때마다 방패막이를 얻을 수 있지 않았을까? 여진이 점령한 땅에 대해 회복의지가 강했던 세종은 의외로 태종이 나서 정벌한 대마도에는 소극적이었다.

아버지 태종의 힘으로 대마도를 정벌하긴 했지만 겁을 주는 정도였지 그 이상의 관리는 하지 않았다. 지도상으로 일본보다 우리와 훨씬 가까워 보이는 대마도는 후일 일본의 조선 침략 근거지가 된다. 여진과 마찬가지로 대마도 정벌에도 힘을 쏟았다면 역사는 또 바뀌었을지도 모른다.

　여진은 이후 청나라가 되어 병자호란, 정묘호란을 일으키며 조선을 침략한다. 여진을 대중국 외교의 변수로 잘 활용했다면 하는 아쉬움이 남는다.

7부

조선 100년의
교두보

:

질곡의 삶을 묵묵히 받아들이며 통치에 나섰던 정희왕후.

과단한 결단력과 추진력으로 청정에 나선 왕후는 높은 평가를 받았지만 아쉬움도 남겼다.

인간적인 너무나도 인간적인 정치인이었다.

간과하지 말아야 할 것은

배려와 화해라는 과제를 실천한 대목이리라.

사림의 진출

: 선비의 나라, 조선

성종 2년(1471) 12월 12일 정희왕후는 보경당에 나가 원상들에게 이렇게 당부한다.

> "내 일가(族親)의 용렬(庸劣)한 무리가 관직에 있으면서 그 책
> 임을 다하지 않고 녹봉만 탐내는 자(曠官尸祿者)가 많아, 지금의
> 이 성변(星變)도 이에 연유된 것이 아닌가 두렵다. 황구(惶懼)함이
> 참으로 깊으니, 현준(賢俊)한 선비로 산림(山林)에 물러가 숨은 자
> 를 마땅히 샅샅이 찾아 불러 오게 하라."…

정희왕후가 찾으려고 했던 산림에 묻힌 인재는 성종이 친정을 시작하

면서 본격적으로 등장한다. 성종의 친정이 시작되면서 새로운 정치세력이 만들어지는 것이다. 성리학을 기본으로 한 지방 선비들이 바로 그들이다. 후에 사림으로 불리어진다.

이들은 김종직을 비롯한 영남 출신 선비들이 등용되면서부터 중앙무대로 진출하게 된다. 김종직은 야은 길재의 맥을 이었다고 평가받는 인물로 그의 제자가 바로 '조의제문'을 사초에 실어 무오사화를 야기 시키는 김일손이다. 이들은 주로 홍문관을 통해 배출된 인물들이다.

홍문관은 사헌부, 사간원과 더불어 언론 삼사로 일컬어지던 기관이다. 홍문관의 부상은 세조와도 연관된다. 세조는 사육신 사건 이후 집현전을 없애고 집현전의 기능을 예문관으로 이전했다. 그러다보니 예문관의 업무가 늘어나 업무수행에 문제가 생겼고 결국 예문관을 예문관과 홍문관으로 나누는 것으로 이어진다. 이때가 성종 9년(1478)이다.

이때부터 홍문관은 유학의 진흥과 인재의 양성을 담당하는 중요한 기구로 발전했다. 왕의 자문에 응하는 임무 때문에 자주 왕에게 조정(朝政)의 옳고 그름을 논하거나 간언하는 입장에도 있었다. 사헌부 사간원의 간언에도 임금이 마음을 돌리지 않으면 홍문관과 함께 삼사 합동으로 간언하기도 했다.

: 권력은 샀으나 마음을 사지 못하다

성리학에 근본을 둔 왕도를 체계적으로 배운 성종은 훈신들과 거리를 두면서 자연스럽게 이들에게 힘을 실어줬다. 당시 지방은 세조 이후 권력을 독식한 훈신들의 비리로 불만이 가득 차 있었기에 지방을 기반으로 중앙무대에 진출한 이들 신진세력들의 활약은 두드러질 수 있었다.

이들의 등장은 자연히 훈구파들의 위기의식을 가져왔고 노회한 이들의 먹잇감이 된다. 조의제문으로 촉발되는 무오사화를 비롯해 갑자사화 기묘사화 을사사화로 이어지면서 선비들이 화를 입게 된다. 이같은 사화를 여러 차례 겪지만 사림은 거역할 수 없는 물결이 된다.

사림은 사서오경을 바탕으로 이론을 연마한 선비들이다. 이들이 성종 때부터 현실정치에서 그 이상을 실현해 나가기 위해 제도권 안으로 들어온다. 이후 사림세력들은 훈구대신들과의 대결을 펼치며 이상적인 도학정치를 그려가고자 한다. 사림이 성종 대에 세력화를 시작했다는 것은 한명회를 측근에 끝까지 놓으며 구공신의 끈을 놓지 못했던 정희왕후가 성종에게 물려준 숙제이기도 하다.

정희왕후는 알고 있었다. 세조가 비정상적인 방법으로 키워놓은 공신들, 즉 훈구대신들은 수렴청정을 하는 자신이 거스르기에는 역부족이었다. 이들의 대응세력을 키우기 위해서는 시간이 필요했다. 다행히 성종은 빨리 깨달았다. 경연이라는 힘든 과정을 마다하지 않고 학문을 연마했고 정몽주, 이색 등의 뒤를 잇는 선비들을 찾아냈다. 조선의 개국은 정몽주와 반대편에 서있던 정도전이 틀을 다졌지만 조선의 정신은 정몽주를 높이 샀다. 성종에 의해 성장한 사림들은 세조와 정희왕후를 도와 정권안정을 도모했던 신숙주를 비하하고 사육신의 한 사람인 성삼문을 홈모했다.

역사는 돌고 돌아 성종의 훈구대신 척결은 사림이 등용되면서 소외됐던 임사홍 같은 인물에 의해 사화로 이어진다.

정희왕후의 리더십

: 정희왕후의 정치력

　여성최초로 조선을 통치한 정희왕후. 그런데 이 매력적인 존재는 사실 우리 역사에서 오랫동안 간과되어 왔다. 역사를 주제로 한 사극이나 영화에서도 수렴청정을 한 정희왕후보다는 내훈을 쓴 인수대비에게 초점이 모여진다. 인수대비의 드라마틱한 삶이 이유일 수도 있지만 여성을 정치라는 영역보다는 흥미의 대상으로만 보았기에 시선을 빼앗겼는지도 모른다. 우리 역사는 너무나도 오랫동안 여성을 정책적인 동반자로 보지 못하고 보조자로 인식해왔다. 그런 이유로 똑같은 능력을 지니고도 여성은 늘 차별의 그늘에 있었다. 권력은 늘 남성에게 집중돼왔다. 이런 집중은 남성중심이라는 불편함을 가져왔다.

　조선의 수렴청정은 임기가 있는 통치였다. 정희왕후도 그랬고 뒤이어 수렴청정에 나선 왕비들 모두 적어도 임기를 연장하지 않았다.

정희왕후가 걸어간 길은 지난했다. 스스로가 선택할 수 있는 운명보다는 주어진 운명에 책임만이 따르는 경우가 대부분이었다. 가혹한 운명 앞에서도 정희왕후는 빠른 결정력과 추진력은 물론 기다릴 줄 아는 끈기를 보여주었다.

수렴청정은 정치다. 임금과 다를 바 없는 통치를 하는 군주이다. 문자도 모르고 통치를 위한 교육을 받은 경험도 없지만 정희왕후의 통치는 조선의 전체 임금들과 비교해도 후한 점수를 줄 수 있다.

리더의 가장 중요한 자질 중의 하나는 목표의 설정과 그 방향이다. 수렴청정을 맡은 정희왕후는 더 이상 피를 부르지 않는 왕권안정을 도모했다. 강력한 왕권도 중요하지만 언제까지나 피바람을 일으킬 수는 없다. 그런 판단을 바탕으로 왕위 서열에서는 가장 낮은 위치였지만 한명회의 사위인 자산군을 발탁했다. 흔들릴 수 있는 왕권을 안정시킨 나름대로의 장치가 됐다. 자산군이 왕위를 승계하는 과정은 왕후의 빠른 결정력이 힘이 됐다. 원상들의 권유가 있었겠지만 최종 결정권을 가진 정희왕후가 망설였다면 일은 힘들어졌을 것이다.

수렴청정을 시작하면서 호패법을 폐지하고 양잠을 장려하는 등 민생부터 돌보기 시작한 정치 감각은 여성특유의 리더십을 잘 보여준다. 무엇보다 세조의 정통성을 인정하지 않고 반기를 들어 역적으로 몰린 정종의 아들 정미수를 관리로 등용시키는 등 정적들의 앞길을 열어준 화해의 정치는 시사하는 바가 크다. 이 모든 과정이 때로는 신하들의 건의로, 때로는 신하들의 강한 반대를 무릅쓰고 전개됐다. 결정에 이르기까지 논의와 토론이 거듭되었던 점은 오늘날보다 훨씬 민주적이었다고도 할 수 있다. 세조의 뜻이라는 단골메뉴를 꺼내들고 신하들과 부딪히며 일궈낸 열매이다.

경연을 통해 성종의 학문을 연마하는 한편 재야에 묻혀있는 사람들을 발굴해 성종의 새로운 지지기반으로 만들어주고자 했던 점은 세조의 정치력을 능가하는 지점이다.

조선 100년의 기반이 될 경국대전이 성종 때 완성됐다. 경국대전은 세조 때부터 편찬해오던 작업이었다. 고려말부터 조선 초까지 100여 년간에 걸쳐 반포된 여러 법전, 교지, 조례, 관례 등을 총망라한 것으로 법치국가의 초석을 다진 것이다. 성종이 일군 국가백년의 초석은 정희왕후에 의해 준비된 것이기도 하다.

이 같은 행보는 정희왕후에 대한 부정적인 평가를 가려준다. 공신과의 지속적인 결탁으로 그들의 부패를 막지 못한 점과 외척에 대한 관리를 하지 못해 철렴을 하게 되는 계기를 제공한 익명서사건 등은 아쉬운 대목이다.

그러나 무엇보다 이 시대에 짚고 넘어가야 할 점은 폐비 윤씨 문제이다. 윤씨에게 사약이 내려진 것은 성리학이 자리잡아가는 시대가 요구하는 여성상과 함께 왕권안정에 대한 집착이 자리한다. 사고의 유연성이 부족해서 일어난 비극이었다.

: 진정한 화해

민주주의의 핵심에는 견제와 균형이 있다. 여성의 정치 참여를 외치는 목소리에는 세상의 절반을 차지하고 있는 여성의 대표성이 형편없이 낮은 상황을 걱정한다.

권력이 흔들리지 않고 백성이라는 언제 어떻게 변할지 모를 사람들의 마음을 사려면 긴장과 균형은 기본이다. 여성의 정치참여 주장에는 이런 균형이론이 숨어있다. 남성 독식의 정치는 이제 한계가 있다. 정희왕후를 통해 조선 최초의 여성정치인을 보며 어떤 정치를 펼쳤는지를 분석하는 일은 향후 정치인들의 이정표에도 도움이 되리라고 믿는다.

조선의 정희왕후는 오늘날에도 재현되고 있다. 권력을 유지하며 백성의 행복을 찾는 일은 어느 시대에나 정치의 첫 번째 덕목이다.

역사는 오늘의 거울이라고 했던가? 같은 듯 다르고 그러면서도 소름 끼치도록 닮은 역사는 과거에도 그랬듯 지금도 반복된다. 과거의 과오를 알면서도 같은 실수를 반복하게 되는 어리석음은 어쩌면 지금 이 순간에도 일어나고 있는지도 모른다. 권력을 잡는 일은 늘 쉽지 않고 언제나 반대세력이 존재한다는 것이 엄연한 사실이다. 그러나 장기적으로 본다면 역사는 결국 화해를 이루고 그 화해를 통해 새로운 미래를 그린다.

우리 앞에는 통일이라는 과제가 있다. 통일은 화해가 바탕이 되어야 가능하다. 그 화해를 어떻게 할 것인가? 시대적, 역사적 한계 속에서 정희왕후라는 정치인이 내민 손을 통해 그 답을 찾을 수 있다.

참고문헌

- 조선왕조실록 홈페이지 sillok.history.go.kr
- 조선왕비실록:숨겨진 절반의 역사, 신명호, 역사의 아침,2007
- 성종, 조선의 태평을 누리다, 이한우, 해냄출판사, 2006
- 왕비의 하루:권력아래 가려진 왕비들의 역사, 이한우, 김영사, 2014
- 조선의 왕비로 살아가기. 심재우, 임민혁, 이순구, 한형주, 박용만, 이왕
     무, 신명호 돌베개, 2012
- 대비, 왕 위의 여자, 김수지, 인문서원, 2014
- 박시백의 조선왕조실록 시리즈, 박시백, 휴머니스트
- 조선 왕을 말하다 1,2권, 이덕일, 위즈덤하우스, 20110
- 15세기 조선의 때 이른 절정, 강문식,김범, 문중양,박진호,송지원,염정섭,
     오상학,장지연, 민음사, 2014
- 조선 왕 독살사건 1 문종에서 소현세자까지, 이덕일, 다산초당,2009
- 조선을 뒤흔든 16가지 연애사건 이수광, 다산초당, 2007
- 조선의 왕비, 윤정란, 차림, 1999
- 사화와 반정의 시대, 김범, 역사비평사, 2007
- 108가지 결정 (한국인의 운명을 바꾼 역사적 선택), 함규진, 페이퍼로드,
     2008
- 성공한 왕 실패한 왕, 신봉승, 동방미디어(주), 2002
- 조선선비살해사건, 이덕일, 다산초당, 2006
- 신들의 정원, 조선왕릉, 이정근, 책보세, 2010

- 세종, 대한민국의 대통령이 되다, 신봉승, 청아출판사, 2012
- 왕을 만든 여자1,2권, 신봉승, 다산책방, 2012
- 용재총화(박학다식 조선 선비 이야기로 세상을 담다),성현 저 이대형 역,
　　　서해문집, 2012
- 조선 선비 살해사건, 이덕일, 다산초당, 2006
- 제왕의 리더십, 김기홍, 휴머니스트, 2007
- 성종의 사람들, 박지선 정명섭, 21세기북스, 2012
- 김종서와 조선의 눈물, 이덕일, 옥당, 2010
- 새로운 세상을 꿈꾼 사람들, 이한, 청아출판사, 2010
- 한권으로 읽는 조선왕조실록, 박영규, 웅진닷컴, 2004
- 제왕들의 책사 조선시대 편, 신연우 신영란, 생각하는백성, 2007
- 조선 왕비 열전, 임중웅, 선영사, 2008
- 한권으로 읽는 조선왕실계보, 박영규, 웅진지식하우스, 2008
- 조선왕조사제1권, 이성무, 동방미디어(주), 1998
- 여걸 정희왕후, 황천우, 파란나비, 2007
- 조선의 여성 역사가 다시 말하다, 정해은, 너머북스, 2011
- 연산군 그 인간과 시대의 내면, 김범, 글항아리, 2010
- 신의 정원 조선왕릉, 황진수, 논빛, 2009

〈학술 기사〉
성종 초기 정희왕후(세조비)의 정치 청단과 훈척정치, 한춘순, 조선시대사
　　　학보 22(2002.9)
조선의 완성을 꿈꾸다(비디오 녹화자료) : 철의 여인 정희왕후, KBS 미디
　　　어, 2007
네이버케스트 인물한국사

정희왕후

1쇄 인쇄 2015년 7월 20일
1쇄 발행 2015년 8월 2일

지은이 함영이
펴낸곳 도서출판 **말글빛냄**
펴낸이 한정희
주소 서울시 마포구 마포동 324-3 경인빌딩 3층
전화 02-325-5051 팩스 02-325-5771
홈페이지 www.wordsbook.co.kr
등록 2004년 3월 12일 제313-2004-000062호
ISBN 979-11-86614-01-3 03910
가격 12,500원